KB267693

출제순위
영숙어

출제순위 **영숙어**

초판 인쇄 | 2009년 6월 20일
초판 발행 | 2009년 6월 25일

지은이 | 김기홍
펴낸이 | 임형오
펴낸곳 | 미래비즈
출판등록 | 1976년 10월 19일 제 3-44호
전자우편 | mirae715@hanmail.net
전화번호 | 02-715-4507, 02-713-6647
팩스 | 02-713-4805
홈페이지 http://www.miraepub.co.kr
ISBN 978-89-961025-5-7 53740

· 이 책의 저작권은 도서출판 미래비즈에 있습니다.
· 이 책의 무단복제를 금합니다.
· 지은이와의 협의하에 인지는 생략합니다.
· 잘못 만들어진 채은 바꾸어 드립니다.

수 · 능 · 핵 · 심 ·
영 · 숙 · 어 · 길 · 잡 · 이 ·

미래비즈

새로운 경향의 수능영어,
독해력 완성의 숙어 1400!

수능영어의 관건은 독해력이다.

그리고 숙어 실력이 단어·문법·구문 실력과 함께 독해력을 좌우한다.

근래 수능에서 새로운 유형의 문장 독해력이 요구되고 있다. 따라서 새로운 학습 이론에 근거하는 학습체계로 숙어 실력을 높여가야 할 것이다.

수능영어에서 고득점을 취득하기 위해서는 고교 전과정을 망라하여 숙어 약 1100개 정도가 필요하다.

본 저자는 컴퓨터 분석을 통하여 예상 최고 수준치를 측정하고, 이를 충족시킬 수 있는 숙어 1400개를 선정, 제시했다.

●● 가장 효율적인 유형별 학습!

숙어를 암기하는 방법도 단어를 암기하는 것과 같다. 품사를 가리고, 철자를 알고, 발음을 익히는 것이다.

숙어는 문장에서 동사 역할을 하거나, 부사 역할을 하거나, 어떤 역할을 하기 마련이다.

또 숙어에서는 동사나 명사와 결합하는 전치사의 유무, 또는 명사 앞에 오는 관사의 유무 등이 단어의 철자에 해당한다.

　　이러한 원칙에 따라 필요한 숙어를 학습 유형별로 분류하여 암기하면 효율을 높일 수 있다.

　　이 책은 1400개의 숙어를 수능영어 출제 빈도에 따라 10개 유형으로 분류하여 암기효과를 높이고, 수험용 숙어의 속성을 파악하여 실전용 숙어로 활용할 수 있도록 정리했다.

●● 핵심적이고 적절한 뜻 파악!

　　숙어는 매우 다양한 뜻을 갖는다. 이 책에서는 숙어의 뜻을 제대로 파악하여 수능영어의 의미를 핵심적으로 암기할 수 있도록 체계적으로 수록했다.

●● 숙어 활용을 좌우하는 필수 예문!

　　숙어를 암기하고 활용하는 최선의 방법은 예문과 함께 외우는 것이다. 이 책에서는 다양하고 풍부한 자료를 통하여 필수 예문을 제시하였으니 필히 숙지하기 바란다.

●● 관련 어법과 참고사항을 최대한 활용!

　　실전에서 고득점을 좌우하게 될 관련 참고사항을 꼭 숙지해 두길 바란다. 이 책은 특별히 이점을 강조하여 다루었다.

NOTE : 실전에 활용할 수 있는 관련어 · 어법 등을 꼭 암기한다.
《참고》: 학습을 통하여 언제든지 활용할 수 있도록 다양한 특기
　　　　사항에 유의한다.
《주의》: 실수하기 쉬운 것들을 꼭 짚고 넘어가도록 한다.

"Time brings roses!"

좋은 시간은 아름다운 보람을 엮는다!

대망을 키워 가는 학생 여러분!

학습과 시간의 주체가 되어 두 가지를 동시에 이끌고 나아가
세요!

이 책이 언제나 최선을 선택하는 여러분의 충실한 동반자가 될
것입니다. 영광의 날이 오기를 빕니다.

2009년 6월
지은이 드림

C·O·N·T·E·N·T·S

Chapter 01

출제순위영숙어 ● 수능어휘활용숙어

한 단어로 대체할 수 있는 숙어

❖ The age of the fossil.

Guide : This fossil is one million and seven years old.

Tourist : How do you know so precisely?

Guide : I've been working here five years, and it was one million years old
when I started working here.

❖ 화석의 나이

안내원 : 이 화석은 100만하고도 7년 되었답니다.

관광객 : 어떻게 그렇게 정확히 아시죠?

안내원 : 제가 여기서 일한 지 7년이 되는데 처음 여기서 일을 시작할 때 이 화석이
100만 년 되었었거든요.

1

account for　　　　　　　～을 설명하다

|대체단어| explain

- There is no **accounting for** tastes. 맛을 설명할 수는 없다.

NOTE account for는 「～의 원인이 되다」는 뜻으로도 쓰인다.

　　　Carelessness accounts for accidents.

　　　부주의가 사고의 원인이다.

2

add up　　　　　　　～을 합산하다

|대체단어| total

- Will you **add up** all these figures?

　이 수를 모두 합해 주시겠습니까?

《참고》 add to + 명사 「～에 덧붙여지다」

　　　This **added to** my anxiety.　그것은 내 불안을 증가시켰다.

3

after all　　　　　　　결국

|대체단어| finally

- **After all** he could not succeed.　결국 그는 성공할 수 없었다.

《참고》 at last 「마침내, 결국」

　　　His dream came true **at last**. 마침내 그의 꿈이 이루어졌다.

4

amount to　　　　　　　합이 ～이 되다

- The visitors **amounted to** fifty.　방문객은 총 50명이었다.

《주의》 amount는 자동사이므로 언제나 to와 함께 쓰인다고 생각해야

　　　한다.

5

as good as　　　　　　　거의, ～같은 정도의

|대체단어| almost

- He is **as good as** dead. 그는 죽은거나 다름없다
- He is **as good as** his word. 그는 약속을 잘 지킨다.

6

ask for　　　　　요구하다

|대체단어| demand

- He came to **ask for** money. 그는 돈을 요구하러 왔다.
- NOTE ask … for ~ 「…에게 ~을 요구하다」
  I asked him for help. 나는 그에게 도와달라고 요청했다.

7

at liberty　　　　　자유로운, 한가한

|대체단어| free

- When will you be **at liberty**? 너는 언제 한가할 것 같으냐?
- 《참고》 be at liberty to + 동사원형 「자유롭게 ~해도 좋다」
  You are at liberty to use it. 그것을 자유롭게 사용해도 좋다.

8

back up　　　　　~을 지지하다

|대체단어| support

- Thank you for **backing** me **up** fully.
  저를 전적으로 후원해 주셔서 감사합니다.

9

bear ~ in mind　　　　　~을 기억하다

|대체단어| remember |동의어| keep ~ in mind

- You must **bear** his advice **in mind**.
  그의 충고를 기억해 두어야만 한다.
- I still **bear** his name **in mind**. 나는 아직 그의 이름을 기억한다.

10

bear up　　　　　~을 견디다, 지탱하다

|대체단어| sustain

- The pillars can not **bear up** the arch.

  그 기둥들은 아치문을 지탱할 수 없다.

11

bear with　　　　　　~을 참다, ~에 견디다

|대체단어| endure

- I can't **bear with** him any more.

  나는 더 이상 그를 참아줄 수 없다.

《참고》 bear out 「확인하다(=confirm)」

　　　　This fact bears me out. 이 사실이 내 말을 확인해준다.

12

be fond of　　　　　　~을 좋아하다

|대체단어| like

- I **am fond of** playing golf. 나는 골프치는 것을 좋아한다.
- I **am** very **fond of** music. 나는 음악을 무척 좋아한다.

《참고》 get fond of 「~가 좋아지다」

13

beg one's pardon　　　사과하다, 용서를 구하다

|대체단어| apologize

- I must **beg your pardon** for not writing so long.

  나는 그렇게 오랫동안 편지를 쓰지 않은데 대해 용서를 구해야만 한다.

NOTE I beg tour pardon.

　　　끝이 상승조이면 「다시 한번 말씀해 주십시오.」

　　　끝이 하강조이면 「죄송합니다, 실례합니다.」

14

blow up　　　　　　~을 폭파시키다

|대체단어| explode

- They **blew up** the bridge with dynamite.

그들은 다이너마이트로 그 다리를 폭파시켰다.

- The soldiers **blew** the ship **up**. 군인들이 배를 폭파시켰다

NOTE blow는 비인칭 주어를 받아 「(바람이) 불다」라는 뜻을 갖는다.

- It is blowing up for a rain. 비를 부르는 바람이 불고 있다.

15
break off   (급하게 말 따위를) 멈추다

|대체단어| stop

- He **broke off** in the middle of the story.

  그는 이야기 도중에 말을 멈추었다.

《참고》 break (off) with 「~와의 관계를 끊다」

16
bring about   ~을 야기하다, ~의 원인이 되다

|대체단어| cause

- What **brought about** the quarrel?

  =What resulted in the quarrel?

  무엇이 그 싸움의 원인이었느냐?

17
bring ~ back   ~을 돌려주다

|대체단어| return

- I'll **bring** this book **back** to him soon.

  나는 이 책을 곧 그에게 돌려줄 것이다.

NOTE bring back 에는 「상기시키다」라는 뜻도 있다.

  His story brought back our happy days.

  = His story reminded us of our happy days.

  그의 이야기는 우리의 행복했던 시절을 기억나게 했다.

18
bring up   양육하다, 키우다

|대체단어| rear

- The child was **brought up** by his aunt.

  그 아이는 숙모 밑에서 자랐다.

- He was born and **brought up** in Seoul.

  그는 서울에서 태어나 성장했다.

  NOTE 수동태로 변할 때 하나의 단어처럼 움직인다.

19
bring ~ to light   ~을 폭로하다

|대체단어| disclose

- I'll **bring** this accident **to light**. 나는 이 사건을 폭로할 것이다.
- The secret was **brought to light**. 비밀은 폭로되었다

20
by chance   우연히

|대체단어| unexpectedly

- I have this information **by chance**.

  나는 이 정보를 우연히 얻었다.

《참고》 by some chance 「어쩌다가」

　　　　 by any chance 「만일, 만약」

21
call off
1. ~을 중지하다, 보류하다
2. 취소하다

|대체단어| 1. suspend 2. cancel

- The game was **called off** on account of rain.

  경기가 비 때문에 중지되었다.

《참고》 a called game 「콜드게임」 심판의 판정으로 중지된 경기.

22　23
call up
ring up   전화를 걸다

|대체단어| telephone

- I'll **call** you **up** this evening. 오늘 저녁 너에게 전화할게.
- **Call** her **up** tonight. 오늘밤 그녀에게 전화해라.

《참고》 전치사 up없이도 쓰인다.

24

care for　　　　　　　1. 좋아하다 2. 돌보다

|대체단어| 1. like 2. tend

- I don't **care for** him at all. 나는 그를 전혀 좋아하지 않는다.
- Who will **care for** the children? 누가 아이들을 돌볼 것이냐?

NOTE care for + 동명사 「~하기를 좋아하다」

I don't much care for having a bath.

나는 목욕하기를 그렇게 좋아하지는 않는다.

25

carry through　　　　　완성하다, 성취하다

|대체단어| accomplish

- He has **carried through** the undertaking.

그는 맡은 일을 완결지었다.

《참고》 carry out 「실행하다」

You must carry out your plan. 네 계획을 실행에 옮겨야만 한다.

26

cast down　　　　　낙담시키다, 실망시키다

|대체단어| depress

- I was **cast down** by the result. 나는 그 결과에 낙담했다.

《주의》 cast의 동사변화 cast-cast-cast

27

cast off　　　　　포기하다

|대체단어| abandon

- He is the last man to **cast off** his family.

그는 결코 가족을 버릴 사람이 아니다.

28

catch up with　　　　　　～을 따라잡다

|대체단어| overtake

- He won't be able to **catch up with** us.
  그는 우리를 따라잡을 수 없을 것이다.
- His car **caught up with** hers.　그의 차는 그녀 차를 따라잡았다.

29

combine A with B　　　A와 B를 결합[연결]하다

|대체단어| connect

- This bridge **combines** Incheon **with** Yeongjongdo.
  이 다리는 인천과 영종도를 연결시켜준다.
- NOTE combine with ～ 「～와 연합하다」
  They combined with us.　그들은 우리와 연합했다.

30

come about　　　　　발생하다, 일어나다

|대체단어| happen

- The accident **came about** in this way.
  사고는 이 길에서 일어났다.
- A great change has **come about**.
  커다란 변화가 일어나고 있다.

31

come after　　　　～에 계속되다, ～의 뒤를 잇다

|대체단어| follow

- One misfortune **came after** another.
  불행은 계속되었다.
- 《주의》 come after에는 「～을 뒤쫓다」라는 뜻도 있다.
  The black cat came after a mouse.
  검은 고양이가 생쥐 한 마리를 뒤쫓았다.

I am staying for another three weeks.
나는 앞으로 3주일 더 머물 예정이다.

32
come by　　　　　　　　　　～을 손에 넣다

|대체단어| obtain

- We have **come by** the money honestly.
  우리는 정직하게 돈을 벌었다.

33
come in for　　　　　　　(재산, 칭찬 등을) 받다

|대체단어| receive

- He **came in for** a great deal of property.
  그는 상당한 재산을 물려받았다.

《주의》 a great deal of 다음에는 셀 수 없는 단수명사가 온다.
　　　　He has spent a great deal of time in the Far East.
　　　　그는 극동지역에서 많은 시간을 보냈다.

34
come to a conclusion　　결론에 다다르다

|대체단어| conclude

- They have **come to a conclusion** to sell their farm.
  그들은 결국 농장을 팔기로 결론내렸다.

35
come to pass　　　　　　(사건이) 일어나다

|대체단어| happen

- Big events will **come to pass**.
  큰 사건들이 일어날 것이다.
- It **came to pass** that the truck broke down on the road.
  트럭이 길에서 고장나는 일이 벌어졌다.

《주의》 이때 pass는 명사 취급을 받으므로, to pass는 부정사가 아니다.

come up with　　　　　　　～을 따라잡다

|대체단어| overtake　|동의어| catch up with

- You can't **come up with** him in English.
  너는 영어로는 그를 따라잡을 수 없다.

confer with　　　　　　　상의하다, 상담하다

|대체단어| consult

- We **conferred with** our adviser about the matter.
  우리는 그 문제에 대해 고문과 상의했다.

NOTE confer가 타동사로 쓰이면, confer A on B 「A를 B에게 수여하다」
I'll confer this book on Jim.　나는 짐에게 이 책을 줄 것이다.

congratulate A on B　　　A를 B로 축하하다

|대체단어| celebrate

- I **congratulate** you **on** your success.
  당신의 성공을 축하합니다.
  = I celebrate your success.

NOTE 명사형 congratulation이 「축하한다」는 뜻으로 쓰일 때는 복수형
임에 주의할 것. Congratulations! 축하합니다!

cry up　　　　　　　　　칭찬하다

|대체단어| praise

- He wishes all his friends to **cry up** his house to him.
  그는 모든 친구들이 자기 집을 칭찬해 주기를 바란다.

cut down　　　　　　　　삭감하다, 줄이다

|대체단어| reduce

- You must **cut down** your expenses.

  당신은 지출을 줄여야만 한다.

《참고》 cut down on smoking 「흡연을 줄이다」

41

cut short　　　　　　　짧게 하다, 줄이다

|대체단어| shorten

- She has had all her dresses **cut short**.

  그녀는 모든 옷을 짧게 줄였다.

《주의》 이때 short는 부사이다.

42

decide on/upon　　　　～을 결정하다

|대체단어| determine

- We **decided upon** the matter by vote.

  우리는 투표로 그 문제를 결정했다.

NOTE 명사 대신 동명사를 사용할 수 있다.

　　　We decided on **going out**.

　　　= We decided to go out.　우리는 외출하기로 결정했다

43

delight in　　　　　　　～을 즐기다

|대체단어| enjoy

- He **delights in** fishing.　그는 낚시를 즐긴다.
- We **delights in** (learning) music.　나는 음악(공부하기)을 즐긴다.

《주의》 동명사가 나오는 것이 원칙이다. 타동사로 쓰일 경우에는 주로

　　　수동구문으로 쓰인다.

　　　We're delighted to **meet you**.　당신을 만나서 기쁘다.

44

do away with　　　　　폐지하다, 제거하다

|대체단어| abolish

- This bad custom should be **done away with**.

이런 악습은 없어져야만 한다.

《주의》수동구문으로 쓰일 때 do away with는 하나의 동사처럼 움직인다.

45

do good　　　　　　　　이익이 되다

|대체단어| benefit

- This medicine will **do** you **good**.　이 약은 너에게 좋을 것이다.

《주의》이때 good은 명사가 된다. 따라서 위의 예문은 4형식 문장으로 good은 직접목적어이다.

46

do harm　　　　　　　　해가 되다

|대체단어| hurt

- The typhoon **did** great **harm** to the crop.

태풍은 농작물에 커다란 피해를 주었다.

《주의》do good처럼 4형식의 형태를 가질 수 있다.

= The typhoon did the crop great harm.

47

do up　　　　　　　　수리하다, 수선하다

|대체단어| repair

- The house needs **doing up**.

= The house needs to be **done up**.　이 집은 수리가 필요하다.

《주의》need의 목적어로 동명사 혹은 수동형 부정사임에 주의할 것.

48

drop in　　　　　　　(지나는 길에) 잠깐 들르다

|대체단어| visit

- Please **drop in** when you come this way.

이 길을 지나가실 때 들러주십시오.

《참고》drop in with a friend「갑자기 친구를 만나다」

49
every now and then   때때로

|대체단어| sometimes

- I go to the movies **every now and then**.
  나는 가끔 영화관에 간다.

《참고》now and then = now and again「때때로」

50
fall behind   지체하다, 연기하다

|대체단어| delay

- He always **falls behind** with his work.
  그는 항상 자기 일을 뒤로 미룬다.

《주의》delay + -ing「~하기를 미루다」
  He delayed getting married. 그는 결혼을 연기했다.

51
fall to   시작하다

|대체단어| begin

- He **fell to** writing a letter. 그는 편지를 쓰기 시작했다.

《주의》fall to 다음에는 명사나 동명사가 온다.

52
find fault with ~   ~을 헐뜯다, 비난하다

|대체단어| criticize

- He is always **finding fault with** me.
  그는 항상 나를 비난한다.
- Don't **find fault with** others. 다른 사람을 헐뜯지 마라.

53
find out   발견하다

|대체단어| find

- We could not **find** him **out**. 우리는 그를 찾을 수 없었다.

NOTE find out은 wh- 절을 목적어로 취할 수 있다.

  Did you find out what the child wanted?

  너는 그 아이가 원하는 것을 알아냈느냐?

54 55
for certain
for sure
확실히

|대체단어| certainly, surely

- I know **for certain** that he is honest.

  나는 그가 정직하다는 것을 확실히 알고 있다.

NOTE I know for certain that ~은 일종의 관용구로 「반드시 ~일 것이다」로 해석된다.

《참고》 make certain of 「~을 확인하다」

56
get away
가다, 떠나다

|대체단어| leave

- I want you to **get away** at once.

  나는 네가 즉시 떠나기를 원한다.

《참고》 get away with 「~을 가지고 달아나다, ~에서 무죄 방면되다」

  Though he cheated in the examination, he got away with it.

  그는 시험에서 부정행위를 했으나 처벌은 면했다.

57
get back
돌아오다

|대체단어| return

- He **got back** from America yesterday.

  그는 어제 미국에서 돌아왔다.

《참고》 get back at 「~에 보복하다」

get in　　　　　　　　　1. 들어가다　2. 도착하다

|대체단어| 1. enter　2. arrive

- He **got in** my room.　그는 내방에 들어갔다.
- The train **got in** on time.　기차는 정시에 도착했다.

《참고》 get into 「~을 타다, (생각이) 떠오르다」
A good idea got into my head.
좋은 생각이 내 머리에 떠올랐다.

get in touch with　　　~와 연락하다

|대체단어| communicate with

- You can **get in touch with** him at his house tomorrow morning.　당신은 내일 아침에 그의 집에서 그와 만날 수 있습니다.

get on one's nerves　　신경 쓰이게 하다, 화나게 만들다

|대체단어| annoy

- That naughty boy **gets on my nerves**.
저 장난꾸러기 녀석이 나를 신경쓰이게 만든다.

《참고》 get in one's way 「~에게 방해가 되다」
get on 「~을 타다」

get rid of　　　　　　제거하다

|대체단어| banish

- You must **get rid of** your cold soon.
너는 빨리 감기를 쫓아버려야 한다.

《참고》 be rid of 「~을 벗어나다, 면하다」
He is rid of fever.　그는 열이 내렸다.

NOTE 이때 rid는 rid 「해방하다, 면하다」의 과거분사형이다.

62

get through　　　　　(시험에) 합격하다

|대체단어| pass

- He has **got through** the entrance exam.
  그는 입학시험에 합격했다.

63

get through with　　　～을 끝내다

|대체단어| finish

- Have you **got through with** the work?
  그 일을 끝마쳤느냐?

《참고》 get through to 「~에게 전달되다」
  Tell me when my letter has got through to her.
  내 편지가 그녀에게 전달되면 알려주렴.

64

get together　　　　모이다

|대체단어| gather

- Let's **get together** and talk about it.
  모여서 그것에 관해 이야기를 해봅시다.

NOTE 같은 의미로 put together가 있다.
  Put them together and see which is larger.
  그것들은 모아 놓고, 어느 것이 더 큰가 보아라.

65

give birth to　　　　낳다

|대체단어| bear

- She **gave birth to** a boy.　그녀는 아들을 낳았다.

66

give no regard to　　～을 무시하다

|대체단어| neglect

- He **gives no regard to** her fault.

  그는 그녀의 결점을 무시해 버린다.

  NOTE have [pay] regard to 「~을 존중하다(=respect)」

67

give off　　　　　　　　(냄새 등을) 내뿜다

|대체단어| emit

- The cheap coal **gives off** a lot of smoke.

  싸구려 석탄은 많은 연기를 뿜어낸다.
- Cheap oil **gives off** bad odor.

  싸구려 기름은 악취를 풍긴다.

68

give rise to　　　　　　　～을 생산하다

|대체단어| produce

- His story **gave rise to** many rumors.

  그의 이야기는 많은 소문을 불러 일으켰다.

69

give up　　　　　　　　포기하다

|대체단어| abandon, stop

- I **gave up** smoking five years ago.

  나는 5년 전에 담배를 끊었다.

  NOTE give up a person for lost 「~를 구조할 수 없는 것으로 판단하여

  포기하다」

  give up on ~은 구어에서 쓰이는 표현으로 의미는 같다.

70

go beyond　　　　　　　～을 능가하다

|대체단어| exceed

- Don't **go beyond** the speed limit.　제한 속도를 넘지 마라.

《참고》 go beyond oneself 「자제력을 잃다, 평소 이상의 힘을 내다」

71

have a liking for　　　　～을 좋아하다

|대체단어| like

- I **have a liking for** golf.　나는 골프를 좋아한다.

《참고》take a liking for 「～이 좋아지다」

72

have a sense of　　　　～을 이해하다

|대체단어| understand

- Can you **have a sense of** what he says?

  너는 그가 말하는 것을 이해할 수 있느냐?

NOTE　a man of sense 「분별있는 사람」

73

hold back　　　　말리다, 억제하다

|대체단어| restrain

- I could not **hold** him **back** from going.

  나는 그가 가는 것을 말릴 수 없었다.

《주의》hold back from의 형식으로 자주 쓰이며, 뒤에는 명사나 동명사
　　　가 온다.

74

hold on　　　　계속하다

|대체단어| continue　|동의어| go on (계속하다)

- We **held on** our journey until midnight.

  우리는 자정까지 여행을 계속했다.

《참고》hold on to 「～에 달라붙다, 집착하다」

75

hold out　　　　1. 견디다　2. 제출하다

|대체단어| 1. endure (견디다)　2. submit (제출하다)

- They **held out** for a week without any food.

그들은 먹을 것 하나 없이 일주일을 견디었다.

76 hold up   올리다, 떠받치다

|대체단어| lift

* **Hold up** your head. 머리를 들어라.

77 hurry up   서두르다

|대체단어| hasten

* **Hurry up**, or you'll be late for school.

  서둘러라, 그렇지 않으면 학교에 늦을 것이다.

  《주의》 명령문 다음의 or는 「~하지 않으면(if ~not)」이라 해석한다.

78 idle away   (시간을) 낭비하다, 빈둥빈둥 보내다

|대체단어| waste

* I advise you not to **idle away** your time.

  네 시간을 낭비하지 말라고 충고한다.

79 in advance   미리, 먼저

|대체단어| beforehand

* Send your baggage **in advance**. 먼저 네 짐을 보내라.

  (NOTE) advanced ticket 「예매권」

80 keep company with   ~와 친하게 지내다

|대체단어| associate with

|반의어| part company with (~와 헤어지다)

* I advise you not to **keep company with** that fellow.

  나는 네가 저 녀석과 친하게 지내지 말라고 충고한다.

81

keep down   (감정을) 억누르다

|대체단어| restrain

- **Keep down** your anger. 화를 참아라.

《참고》 또다른 뜻으로 「(경비를) 줄이다」

We must keep down expenses. 우리는 비용을 줄여야만 한다.

82

keep on + 동명사   ~을 계속하다

|대체단어| continue

- She **keeps on talking** all the time.

그녀는 온종일 이야기만 한다.

《주의》 continue의 경우에는 to 부정사와 동명사 모두 사용할 수 있다.

83

keep up   1. ~을 계속하다
                                  2. ~을 유지하다

|대체단어| 1. continue 2. maintain

- We **kept** the talk **up** till midnight.

우리는 자정까지 이야기를 계속했다.
- She **kept** her courage **up**. 그녀는 용기를 잃지 않았다.

84

keep up with   ~에 뒤떨어지지 않다

|대체단어| maintain

- He can not **keep up with** the class.

그는 수업을 따라가지 못한다.

《참고》 catch up with 「~을 따라잡다」

85

later on   후에, 나중에

|대체단어| afterwards

- I will explain it **later on**. 나중에 그것을 설명하겠습니다.

NOTE sooner or later 「조만간, 언젠가는」

three hours later on 「3시간 후에」

86

lay emphasis on　　　　～을 강조하다

|대체단어| emphasize

- We **laid emphasis on** the need for quick relief.

우리는 빠른 구호의 필요성을 강조했다.

87

let fall　　　　떨어뜨리다

|대체단어| drop

- She **let fall** the vase on the floor.

그녀는 꽃병을 바닥에 떨어뜨렸다.

《주의》 let fall을 숙어로 암기할 수도 있지만, 이때 let을 사역동사로 볼 수도 있어 let 다음에는 fall 만이 아니라 다양한 동사가 올 수 있다.

We let go the bird. 우리는 새를 날려보냈다.

88

look down upon　　　　경멸하다

|대체단어| despise |반의어| look up to, respect (존경하다)

- Don't **look down upon** a man because he is poor.

가난하다고 사람을 경멸하지 마라.

89

look forward to　　　　～을 기대하다

|대체단어| anticipate

- I am **looking forward to** seeing you again.

나는 너를 다시 만날 수 있기를 기대하고 있다.

《주의》 look forward to 다음에는 명사나 동명사가 사용된다

look into   조사하다

|대체단어| examine

- We must **look into** the matter.

  우리는 그 문제를 조사해야만 한다.

  《참고》 look in on 「잠깐 들르다」

          Please look in on us if you come this way.

          이 근처를 지날 때 잠깐 들러주십시오.

look out   조심하다

|대체단어| beware

- **Look out**! There's a truck coming!

  조심해라! 트럭이 오고 있다!

  《주의》 조심하라는 뜻은 주로 명령문에서 쓰인다. 평서문에서는 다른 전

          치사와 덧붙여져 여러 의미로 사용된다

          Look out of the window. 창밖을 내다 보아라.

look upon A as B   A를 B로 간주하다

|대체단어| regard A as B

|동의어| look on A as B = consider A (as) B = take A as B

- He **looks upon** me **as** his benefactor.

  그는 나를 그의 은인으로 생각한다.

look up to   존경하다

|대체단어| respect |반의어| look down on, despise (경멸하다)

- They **looked up to** him as their leader.

  그들은 그를 지도자로 존경했다.

- I **look up to** him as my teacher.

나는 그를 선생님으로 존경한다.

94

make a fool of 조롱하다, 놀리다

|대체단어| mock

- Don't **make a fool of** the poor boy.

  가엾은 그 아이를 놀리지 마라.

《참고》 make a fool of oneself 「웃음거리가 되다」

95

make amends for 보상하다

|대체단어| compensate for

- Nothing can **make amends for** the loss of my mother.

  아무 것도 내 어머니의 죽음을 보상해줄 수 없다.

《참고》 make amends to 「~에게 보상하다」

《주의》 amends는 항상 복수형으로 쓰인다.

96

make a speech 연설하다

|대체단어| speak

- I **made a speech** at the meeting. 나는 모임에서 연설을 했다.

97

make believe ~인 척하다

|대체단어| pretend

- He **makes believe** to be wise. 그는 현명한 척한다.

《주의》 이때 동사 make는 사역동사로 보아도 무방하다. 즉 「믿게 만들
다」는 뜻이 되므로 이 숙어의 뜻과 통한다.

98

make efforts 노력하다

|대체단어| endeavour

- I **made** great **efforts** to accomplish it.

  나는 그것을 완수하기 위해 많은 노력을 했다.

  《주의》 단수형을 사용하여 make an effort도 가능하다.

99

make fun of 　　　　놀리다

|대체단어| ridicule |동의어| poke fun of

- You must not **make fun of** the child.

  그 아이를 놀려서는 안된다.

100

make good 　　　　성공하다

|대체단어| succeed

- I am sure he will **make good** in that job.

  나는 그가 저 직업에서 성공할 것이라고 확신한다.

  《주의》 이때 good은 형용사로, 동사 make의 보어 역할을 한다.

101

make haste 　　　　서두르다

|대체단어| hurry

- **Make haste** or you'll be late.

  서둘러라, 그러지 않으면 지각할 거야.

  《참고》 in haste 「서둘러서」

  　　　 be in haste to + 동사 「서둘러 ~하다」

  　　　 He is in haste to get ahead in the world.

  　　　 그는 출세해보려고 안달이다.

102

make one's appearance 　　　　나타나다

|대체단어| appear

- The sun has **made its appearance** on the horizon.

  태양이 수평선 위로 떠올랐다.

make out
figure out
이해하다

|대체단어| understand

- I could not **make out** what she said.

  나는 그녀가 말하는 것을 이해할 수 없었다.

  NOTE figure out at 「합계가 ~이 되다」

make progress
진보하다

|대체단어| advance

- He **made** rapid **progress** in English.

  = He rapidly advanced in English.

  그는 영어 실력이 빠르게 향상되었다.

《참고》 in progress 「진행중」

make up for
보상하다, 보충하다

|대체단어| compensate for

- I must **make up for** lost time.

  잃어버린 시간을 보충해야만 한다.

《참고》 make amends for 「보상하다」

make up one's mind
결심하다

|대체단어| decide

- Have you **made up your mind** to go abroad.

  외국에 나가기로 결심했느냐?

《참고》 have ~ upon one's mind 「~을 걱정하다」

mark off
구별하다

|대체단어| distinguish

- This feature **marks** him **off** from other boys.

  이런 면이 그를 다른 아이들과 구별해준다.

《주의》 mark off A from B 「A와 B를 구분하다」

109
of help   도움이 되는, 유용한

|대체단어| helpful

- Can I be **of** any **help** to you? 내가 당신에게 도움이 될까요?

  NOTE of + 추상명사 ⇒ 형용사

110
of late   최근에

|대체단어| lately, recently

- Have you seen him **of late**? 최근에 그를 본 적이 있느냐?

《주의》 of late, lately는 현재완료형과 주로 같이 쓰인다.

recently는 현재완료형 이외에 과거형과도 함께 쓰인다.

111
of use   유용한

|대체단어| useful |반의어| of no use, useless (쓸모없는)

- Newspapers are **of use** to everyday.

  신문은 모두에게 유용하다.

112
old and tried   전적으로 믿을 수 있는

|대체단어| reliable

- He seems to be an **old and tried** friend.

  그는 전적으로 신뢰할 수 있는 친구인 것 같다.

《참고》 tried and true 「설내 확실한, 믿을 수 있는」

숙어의 형태를 띠고 있지만, 주로 명사를 수식하는 한정적 용법

으로 쓰인다.

113

once in a while　　때때로, 이따금

|대체단어| occasionally |동의어| at times, sometimes

- She goes out shopping **once in a while**.
  그녀는 가끔 쇼핑하러 나간다.

114

pass away　　죽다

|대체단어| die |동의어| pass out

- Last night his father **passed away**.
  그의 아버지가 어젯밤에 돌아가셨다.

115

pay a visit to　　방문하다

|대체단어| visit

- The railway strikes prevented me from **paying a visit to** a
  friend of mine.
  철도 파업 때문에 나는 내 친구를 방문하지 못했다.
- Yesterday I **paid a visit to** Jeonju.
  나는 어제 전주를 방문했다.

《주의》 방문하는 사람이나 장소에 관계없이 사용된다.

116

pay regard to　　존중하다

|대체단어| esteem

- The president **paid regard to** public opinion.
  대통령은 대중의 의견을 존중했다.

NOTE hold ~ in low regard 「~을 경시하다」

117

pick out　　선택하다

|대체단어| choose, select

- She **picked out** the best dress.

  그녀는 가장 좋은 옷을 선택했다.

118

possess oneself of ~을 자기 것으로 하다

|대체단어| acquire

- He **possessed himself of** a beautiful house.

  그는 아름다운 집을 손에 넣었다.

《참고》 be possessed of 「~을 소유하고 있다(=have)」

  He is possessed of a large fortune.

  그는 큰 재산을 가지고 있다.

119

put forward 제안하다

|대체단어| suggest

- He **put forward** a new theory. 그는 새로운 이론을 제안했다.

《참고》 put oneself forward 「주제넘게 나서다」

120

puf off 연기하다

|대체단어| postpone

- The meeting will be **put off** until Friday.

  모임은 금요일까지 연기될 것이다.

NOTE pass off well 「지체없이 잘 진행되다」

  The meeting will pass off well. 회의는 잘 진행될 것이다.

121

put out 끄다

|대체단어| extinguish

- He **put out** all the lights. 그는 모든 불들을 껐다.
- They **put out** the fire with help of the neighbors.

  그들은 이웃사람들의 도움으로 불을 껐다

122

put A to death   A를 죽이다

|대체단어| kill A

- He **put** a robber **to death** in selfdefence.
  그는 정당방위로 강도를 죽였다.

123

put A to use   A를 이용[사용]하다

|대체단어| utilize A

- The money will be **put to** good **use**.
  그 돈은 유용하게 사용될 것이다.

124

put up at   ～에 머무르다

|대체단어| stay at

- I **put up at** an inn by the lake.
  나는 호숫가에 있는 여관에서 머물렀다.

《참고》 put A up to 「～에게 …을 슬쩍 알려주다」
  He put me up to the latest tips.
  그는 최신 정보를 내게 알려주었다.

125

put up with   참다, 견디다

|대체단어| endure, tolerate, stand

- We cannot **put up with** the noise.
  우리는 그 시끄러운 소리가 참을 수 없다.

126

reach out A for B   A를 내밀어 B를 잡다

|대체단어| stretch A for B

- I **reached out** my hand **for** a pen.
  나는 손을 뻗어 펜을 잡았다.

《참고》 reach after [for] 「~을 추구하다」

127
run across　　　　　우연히 만나다

|대체단어| encounter

- I **ran across** his father at the party.

  나는 파티에서 그의 아버지를 우연히 만났다.

《참고》 run against 「~와 충돌하다, 우연히 만나다」

128
run down　　　　　비방하다, 헐뜯다

|대체단어| dispraise

- Some critics **run down** good books.

  몇몇 비평가들이 좋은 책들을 비난한다.

《참고》 run up 「(값이) 오르다, 뛰어 오르다」

129
run out of　　　　　~을 다 써버리다

|대체단어| exhaust

- I have **run out of** money.　나는 돈을 다 써버렸다.

NOTE exhaust oneself ~ing 「~하는데 지치다」

  I have exhausted myself studying.　나는 공부하는데 지쳤다.

130
second to none　　　　　누구에게도 뒤지지 않는

|대체단어| unsurpassed

- He is **second to none** in English.

  그는 영어라면 누구에게도 뒤지지 않는다.

《참고》 second only to A 「A 다음으로 첫째」

131
seek after　　　　　원하다, 추구하다

|대체단어| desire

- He is always **seeking after** power.

  그는 항상 권력을 추구하고 있다.

《참고》 seek for도 같은 의미로 쓴다.

  My son is seeking for a job. 내 아들은 일자리를 찾고 있다.

132
set about　　　　시작하다

|대체단어| begin

- He **set about** making a new plan.

  그는 새 계획을 짜기 시작했다.

《참고》 set이 타동사로 쓰이는 경우를 비교해보자.

  She set him to do the work.

  그녀는 그에게 그 일을 하도록 시켰다.

  His story set us laughing.

  그의 이야기는 우리를 웃게 만들었다.

133
set A free　　　　A를 자유롭게 하다

|대체단어| release A

- I **set** the birds **free** from the cage.

  나는 새들을 새장에서 풀어주었다.

NOTE 동의어 : set A at liberty = liberate A

134
set in　　　　시작하다

|대체단어| begin

- The rainy season has just **set in**.

  바야흐로 우기가 시작되었다.

- Winter is **setting in**. 겨울이 시작되고 있다.

《주의》 set about는 주로 타동사적 의미로, set in은 자동사적 의미로 사용된다.

set out 출발하다

|대체단어| start

- They **set out** for Europe. 그들은 유럽을 향해 출발했다.

NOTE set out for 「~을 향해서 출발하다」

set up 세우다, 건설하다

|대체단어| establish

- They **set up** a monument there.
  그들은 거기에 기념물을 세웠다.

show off 자랑하다

|대체단어| display

- She **showed off** her fine clothes.
  그녀는 예쁜 옷들을 자랑했다.

《참고》 make a display of 「~을 과시하다」

speak for 대변하다, 변호하다

|대체단어| defend

- He **spoke for** his doctrine at the meeting.
  그는 모임에서 그의 학설을 변호했다.

NOTE speak for oneself 「자기를 위해 말하다」
  speaking for oneself 「자기를 위해 말하자면」
  speaking for myself 「내 의견을 말하자면」

speak of ~에 관하여 말하다

- The book I **spoke of** was published only yesterday.
  내가 언급했던 그 책이 어제서야 출간되었다.

NOTE speak of A as B 「A를 B라고 부르다」

be spoken of as B 「B라고 일컬어지다」

140
speak out　　　　털어놓고 말하다

|대체단어| profess

- He **spoke out** that he had no taste for music.
  그는 음악에 취미가 없음을 솔직하게 말했다.

141
stand by　　　　지지하다, 지원하다

|대체단어| support

- He will **stand by** us at any time.
  그는 언제든지 우리를 지지할 것이다.
- Don't be afraid, I'll **stand by** you.
  두려워하지 마라, 내가 널 지원하겠다.

NOTE stand by 「방관하다」

Don't stand by, but help me. 방관하지 말고 나를 도와줘.

142
stand for　　　　1. ~을 나타내다, 대표하다
　　　　　　　　　　 2. ~의 편을 들다

|대체단어| 1. represent 2. support

- What does 'E.T' **stand for**? E.T는 무엇을 뜻합니까?
- He always **stands for** the right. 그는 항상 정의의 편이다.

143
take after　　　　닮다

|대체단어| resemble

- She **takes after** her mother. 그녀는 어머니를 닮았다.

144
take delight in　　　　즐기다

- He **took delight in** working as an actor.

  그는 배우로 일하는 것을 즐겼다.

  《참고》 with delight 「기꺼이」

145

take A into account   A를 고려하다

|대체단어| consider

- We must **take** her situation **into account**.

  우리는 그녀의 상황을 고려해야만 한다.

  NOTE take account of 도 같은 뜻으로 쓰인다.

146

take on   떠맡다, 인수하다

|대체단어| undertake

- He always **takes on** a difficult task.

  그는 항상 어려운 일을 떠맡는다.

  《참고》 take off 「이륙하다, (옷 등을) 벗다」

147

take part in   참가하다

|대체단어| participate in

- I **took part in** the athletic meeting.

  나는 체육대회에 참가했다.

  《참고》 play the part of 「~의 역을 맡다」

  명사 part에 관사의 유무를 항상 관심있게 보아야 한다.

148

take place   1. (사건 등이) 일어나다
2. (행사가) 개최되다

|대체단어| happen, occur

- A fire **took place** last night. 어젯밤에 화재가 일어났다.

- Where will the speech contest **take place**?
  웅변대회는 어디서 개최되느냐?

149

take side with 편들다

|대체단어| support

- He decided not to **take side with** the government.
  그는 정부를 지지하지 않기로 결심했다.

《참고》 on the side of 「~의 편인」

150

tell on ～에 영향을 미치다

|대체단어| affect

- His hard life will **tell on** him.
  그의 힘든 삶이 그에게 지장을 줄 것이다.
- His age is beginning to **tell on** him.
  그도 나이는 어쩔 수 없다.

151

think out 생각해내다, 고안하다

|대체단어| devise

- He **thought out** a solution. 그는 해결책을 생각해냈다.

152

think over 숙고하다, 다시 생각하다

|대체단어| consider

- You must **think** the matter **over**. 그 문제를 숙고해야만 한다.
- **Think over** what I've said. 내가 말한 것을 잘 생각해라.

153

through and through 철저하게

|대체단어| thoroughly

- We know him **through and through**.

  우리는 그를 철저하게 알고 있다.

  NOTE through thick and thin 「온갖 고난을 무릅쓰고」

- I'll stand by you **through thick and thin**.

  나는 어떤 난관이 있어도 너를 지지하겠다.

154

turn down

1. 거절하다
2. (소리 등을) 줄이다, 낮추다

|대체단어| refuse (거절하다), lower (낮추다)

- His application for the position was **turned down**.

  그의 구직신청은 거절당했다.

《참고》 turn off는 「라디오나 전기 등을 끄다」라는 뜻인 반면에, turn down은 「불 등을 어둡게 하다, 심지를 내리다」는 뜻이 있다.

　　　 Turn down the lights. 불을 어둡게 하거라.

155

turn in

~을 제출하다

|대체단어| submit

- Students are required to **turn in** a term paper.

  학생들은 리포트 제출을 요구받았다.

  NOTE turn in 「잠자리에 들다」

  　　 I turn in at eleven every night.

  　　 나는 매일 밤 11시에 잠자리에 든다.

156

turn out

증명되다

|대체단어| prove

- It **turned out** to be true. 그것은 사실로 판명되었다.

- The rumor **turned out** (to be) false.

  소문은 결국 거짓으로 판명이 났다.

157

turn A to (good) account　　　　　A를 이용하다

|대체단어| utilize A

- He **turns** everything **to good account**.
  그는 모든 것을 이용한다.

158

turn up　　　　　나타나다

|대체단어| appear |동의어| show up

- He will **turn up** soon. 그는 곧 모습을 드러낼 것이다.

  NOTE turn up은 「~을 올리다, (불빛 등을) 밝게 하다」는 뜻을 갖기도 한다.

✳ let과 rent 그리고 lend와 borrow

이제 고등학생 정도가 되면 동산과 부동산은 구별할 수 있어야 한다. 무엇인가를 빌린다고 할 때, 그것이 동산이냐 부동산이냐에 따라서 동사의 쓰임새가 달라진다.

일단 동산이라면, lend와 borrow가 쓰인다. 그리고 「빌려주다」의 의미는 lend, 「빌리다」는 borrow가 된다.

I want to borrow a book from you. (너에게 책을 빌리고 싶다.)

Will you please lend me a book?

(저에게 책을 빌려 주시겠습니까?)

그러나 빌려주고 받는 대상이 부동산이라면 쓰이는 동사가 완전히 달라진다. 바로 let 「임대하다, 돈을 받고 빌려주다」와 rent 「임대, 임차하다, 돈을 받고 빌려주고 빌려받다」이다. rent의 의미가 훨씬 폭 넓다. 즉 rent는 양쪽의 행위 모두에 사용될 수 있는데 반하여, let는 물건의 소유자가 주어로 나오게 된다.

I let the house to John. (나는 존에게 집을 세놓았다.)

I rented the house from John. (나는 존에게 집을 빌렸다.)

한편 말, 자전거, 자동차, 배, 건물 등을 단기간 임대료를 지불하면서 빌리는 경우에는 hire를 쓴다. 반대로 임차료를 받고 위의 물건들을 빌려주는 경우에는 hire out을 쓴다.

He hires out bicycles by the hour.

(그는 1시간 단위로 자전거를 빌려준다.)

뜻을 구분해야 하는 숙어

❖ Not to piss on his hands!

Two corporation executives, while attending a business convention, met in the men's room. Mr. Brown, the Harvard graduste, washed his hands after urinating. Mr. Smith, the UCLA graduate, washed his hands before he relieved himself.

Said Mr. Brown.

"At Harvard, one learns to wash his hands after relieving himself."

Retorted Mr. Smith.

"At UCLA, one learns not to piss on his hands!"

❖ 손에다 소변을 보지 말라!

비즈니스 회의에 참석 중인 두 회사 중역이 화장실에서 만났다.

하버드 대학 출신인 브라운 씨는 소변을 본 후 손을 씻었고, UCLA(캘리포니아 대학 로스엔젤레스 캠퍼스) 출신인 스미스 씨는 소변을 보기 전에 손을 씻었다.

브라운 씨가 말했다.

"하버드에서는 소변을 본 후 손을 씻으라고 가르치지요."

그러자 스미스 씨가 쏘아붙였다.

"UCLA에서는 손에다 소변을 보지 말라고 가르친답니다!"

159　160

act on　　　　　　　　～에 따라 행동하다
act for　　　　　　　～의 대리역을 하다

- I will **act on** your advice.　나는 네 충고에 따라 행동할 것이다.
- I **acted for** him.　나는 그를 대리했다.

《참고》 act as 「～로 역할을 하다」(as 뒤에는 무관사가 원칙)

　　　He acted as guide.　그는 안내인 일을 했다.

161　162

adapt oneself to　　　～에 적응하다
attach oneself to　　　～에 집착하다, ～에 애착을 가지다

- He **adapted himself to** a new environment.

  그는 새로운 환경에 적응했다.
- She **attached herself to** her teacher.

  =She was attached to her teacher.

  그 여자는 선생님을 사모했다.

163　164

agree to　　　　　　(의견, 제안 등에) 동의하다
agree with　　　　　(사람에) 동의하다

- I can not **agree to** your proposal.

  나는 네 제안에 동의할 수 없다.
- I can not **agree with** you on this point.

  나는 이점에서 너에게 동의할 수 없다.

NOTE agree to ～ing 「～하는 것에 동의하다」

　　She agreed to my getting married.

　　그녀는 내 결혼에 동의했다.

165　166

answer for　　　　　～에 책임을 지다
answer to　　　　　～에 일치하다

- I will **answer for** the result.　나는 그 결과에 책임을 질 것이다.
- His features **answer to** the description.

그의 모습은 묘사한 것과 딱 들어맞는다.

《주의》 answer to me 「나에게 대답하다」와 같은 자동사 용법은 answer me처럼 타동사로 사용하는 것이 보통이다.

She didn't answer me a word.

그녀는 나에게 한 마디도 대답하지 않았다.

167 168

apply for ～을 신청하다
apply ~ to … ～을 …에 적용하다

- He came to **apply for** a position.

그는 일자리에 지원하려고 왔다.

- He **applied** this rule **to** the case.

그는 이 규칙을 그 경우에 적용했다.

NOTE apply ~to + 명사[동명사] 「~가 …하는데 전념하다」

Are you applying your mind to doing the work?

너는 그 일을 하는데 전념하고 있느냐?

169 170

arm in arm 팔장을 끼고
hand in hand 손을 맞잡고, 협력하여

- Two girls are walking **arm in arm**.

두 소녀가 팔짱을 낀 채 걷고 있다.

- Practice should go **hand in hand** with theory.

실제는 이론과 제휴되어야만 한다.

《참고》 face to face 「얼굴을 맞대고」

171 172

as a whole 총괄하여, 전체로서
on the whole 대체로

- The climate of Korea is mild **as a whole**.

한국의 기후는 전체적으로 온난하다.

- My opinion is **on the whole** the same as yours.

내 의견은 대체적으로 네 의견과 같다.

173 174

at a distance	약간 떨어져서
in the distance	저 멀리, 먼 곳에

- Oil paintings show to advantage **at a distance**.

  유화는 약간 떨어진 곳에서 더 잘 보인다.
- I saw a glimmer of light **in the distance**.

  나는 멀리서 희미한 불빛을 보았다.

NOTE from a distance 「멀리서」

175 176 177

at a time	한꺼번에, 한 번에
at times	때때로
for a time	일시적으로, 임시로

|동의어| at times = sometimes

- Do one thing **at a time**. 한 번에 한 가지 일을 하시오.
- **At times** we go for a drive. 때때로 우리는 드라이브를 간다.
- He stayed in New York **for a time**.

  그는 잠시 뉴욕에 머물렀다.

《주의》 time의 수와 관사 유무에 주의할 것.

178 179

at first	처음에는
for the first time	처음으로

- **At first** I could not understand what he said.

  처음에 나는 그가 말한 것을 이해할 수 없었다.
- I visited Rome **for the first time** in my life.

  나는 생애 처음으로 로마를 방문했다.

《참고》 in the first place 「우선, 무엇보다도」

180 181

at hand	바로 가까이에, 곧
in hand	손에 넣고, 지배 하에, 연구중인

- The examination is near **at hand**. 시험이 멀지 않았다.

- The question **in hand** is very important.

  검토중인 문제는 매우 중요하다.

  《참고》 out of hand 「힘에 겨워, 즉시」

  off hand 「준비없이, 즉석에서」

182 183

at one's best	전성기에, 최선의 상태에
in one's best	좋은 옷을 입고

- The cherry blossoms are **at their best** now.

  지금 벚꽃이 만발해 있다.

- My daughter is glad to be **in her best**.

  내 딸은 좋은 옷을 입고 기뻐하고 있다.

184 185

at the top of	～의 꼭대기에, 최고의 ～로
on (the) top of	～의 위에, ～에 더하여

- I ran **at the top of** the speed. 나는 전속력으로 달렸다.

- Put the book **on top of** the others.

  그 책을 다른 책들 위에 놓으십시오.

  NOTE the others는 「나머지 것[사람]」이란 뜻이다.

  Six of them are mine, the others are Jim's.

  그중 여섯개는 내 것이고, 나머지는 짐의 것이다.

186 187

attend to	～에 몰두하다, ～에 주의하다
attend on	～을 시중들다

- **Attend to** your studies. 네 공부에 열중해라.

- The patient had two nurses to **attend on** him.

  그 환자는 두 명의 간호사가 시중들고 있다.

  《참고》 attend at 「～에 참석하다」 (형식적인 표현이어서 주로 타동사

  attend가 주로 쓰인다.)

  We didn't attend at the meeting.

  우리는 모임에 참석하지 않았다.

be anxious about　　～을 걱정하다
be anxious for　　～을 갈망하다

- I **am anxious about** my son's safety.

  나는 내 아들의 안전을 걱정한다.

- They **are anxious for** wealth.　그들은 부유해지기를 바란다.

《참고》 I am anxious that he (should) come soon.

　　　　= I am anxious for him to come soon.

　　　　나는 그가 곧 오기를 기대한다.

be better of　　전보다 더 잘 지내다
be good for　　～에 효과가 있다

- She **is** much **better of** than before.

  그녀는 전보다 훨씬 더 잘 지낸다.

- This medicine **is good for** a cold.　이 약은 감기에 잘 듣는다.

NOTE be the better for 「～ 때문에 오히려 낫다」

be certain of　　～을 확신하다
be certain to　　반드시 ～하는

- I **am certain of** success.　나는 성공을 확신한다.

- He **is cartain to** come.

  = It is certain that he comes.

  그는 반드시 온다.

be concerned about　　～을 걱정하다
be concerned with/in　　～에 관계가 있다

|동의어| concern oneself about (～을 걱정하다)

- I **am concerned about** her luxurious life.

  나는 그녀의 사치스런 생활을 걱정한다.

- I **am** not **concerned with** it.　나는 그것과 관계가 없다.

196 197

be familiar with + 사람 　잘 알고 있는
be familiar to + 사물 　　정통한, 잘 알려진, 낯익은

- I **am familiar with** his father.　나는 그의 아버지와 친분이 있다.
- I **am** not **familar with** this city.　나는 이 도시를 잘 모른다.
- His name **is** quite **familiar to** us.
  그의 이름은 우리에게 상당히 알려져 있다.

198 199

be hard upon/on　　(사람을) 구박하다
be hard up　　　　　(돈이) 쪼들리다

- Don't **be hard upon** the child.　아이를 구박하지 마라.
- He **is** always **hard up** a few days after the payday.
  그는 월급날에서 며칠 지나지 않아 항상 돈에 쪼들린다.

《주의》 hard는 자체로 부사로 쓰이는 단어이다. **hardly** 「거의 ~아니다」
　　　　와 혼동하지 말 것.
　　　　Hit it hard.　그것을 세게 쳐라.
　　　　He hardly works at all.　그는 거의 일하지 않는다.

200 201 202

be impatient for　　～을 애타게 기다리다
be impatient of　　　～을 못 견디다
be impatient to　　　몹시 ～하고 싶어하다

- I **am inpatient for** his arrival.　나는 그의 도착을 학수고대한다.
- I **am impatient of** any kind of restraint.
  나는 어떤 속박에도 못 견딘다.
- The boys **are impatient to** go home.
  소년들은 몹시 집에 돌아가고 싶어한다.

203 204

be possessed of　　　～을 소유하다
be possessed with/by　～에 사로잡혀 있다

- He **is possessed of** great wealth.

  = He has great wealth.

  그는 많은 재산을 가지고 있다.

- She seems to **be possessed with** an evil spirit.

  그녀는 악령에 사로잡혀 있는 듯 하다.

  NOTE What possessed her to act like that?

  무엇이 그녀가 그렇게 행동하게 했을까?

205 206

be sure of	～을 확신하다
be sure to + 동사원형	반드시 ～하다

- She **is sure of** his success. 그녀는 그의 성공을 확신한다.

- He **is sure to** succeed in his business.

  그는 틀림없이 사업에서 성공할 것이다.

《참고》 I am sure that he will come. 나는 그가 오리라고 확신한다.

207 208

be tired of	～에 싫증나다
be tired from	～으로 피곤하다

|동의어| 1. be weary of 2. be weary with

- I **am tired of** his complaint. 나는 그의 불평에 싫증이 난다.

- I **am tired from** walking. 나는 걸어서 피로하다.

  NOTE tired from 대신에 tired with를 사용할 수도 있다.

  I am tired with working too hard.

  너무 일을 많이 해서 피곤하다.

209 210

become of	(의문사 what을 주어로 하여) ～이 (어떻게) 되다
come of	～에서 기인하다

- What will **become of** us if a war breaks out?

  전쟁이 터지면 우리는 어떻게 될까?

- Poverty **comes of** idleness. 빈곤은 나태에서 오는 것이다.

^{211 212}

behind time 정시보다 늦게
behind the times 시대에 뒤떨어진

- The bus arrived 10 minutes **behind time**.
  버스는 정시보다 10분 늦게 도착했다.
- Our directors are **behind the times**.
  우리 지도자들은 시대에 뒤떨어져 있다.

《주의》 명사 time에 붙는 관사의 유무에 따른 의미변화이다.

^{213 214}

break out (전쟁, 화재 등이) 발생하다
break into ～에 침입하다

- War **broke out** between the two countries.
  그 두 나라 사이에 전쟁이 터졌다.
- A burglar **broke into** his house last night.
  어젯밤 그의 집에 강도가 들었다.

《참고》 break in on 「～에 끼어들다」
　　　 Don't break in on the conversation.
　　　 이야기하는데 끼어들지 마라.

^{215 216}

brush up 다듬다, 손질하다
brush off ～을 털어버리다

- You must **brush up** your English before going to England.
  영국으로 가기 전에 네 영어실력을 다시 점검해야 한다.
- **Brush off** the dust outside.　밖에서 먼지를 털어내라.

^{217 218}

burst into 갑자기 ～하다
burst out (전쟁, 혁명 등이) 발발하다
　　　 갑자기 ～하기 시작하다

- She **burst into** tears at the news.
  그녀는 그 소식을 듣고 갑자기 울기 시작했다.

- A revolution **burst out** in Africa.

  아프리카에서 혁명이 일어났다.
- He **burst out** laughing when he saw her.

  그는 그녀를 보자 갑자기 웃음을 터뜨렸다.

《참고》 burst with 「~으로 가득하다」

　　　　His head is bursting with ideas.

　　　　그의 머리는 아이디어로 가득하다.

219　220

| by force | 강제로 |
| in force | 유효한 |

|동의어| in effect (유효한)

- He took the money from me **by force**.

  그는 내게서 강제로 돈을 가져갔다.
- The contract is still **in force**.　그 계약은 여전히 유효하다.

《참고》 by (the) force of 「~힘으로」, come into force 「(법이) 시행되다」

221　222　223

by oneself	홀로, 혼자서
for oneself	혼자 힘으로, 스스로
of oneself	저절로

- She stayed at home **by herself**.　그녀는 혼자 집에 머물렀다.
- I wrote this composition **for myself**.

  나는 내 혼자 힘으로 이 글을 썼다.
- He awoke **of himself**.　그는 저절로 잠에서 깨어났다.

《참고》 in itself 「본래」

207　208

| call at | (집을) 방문하다 |
| call on | (사람을) 방문하다 |

- Please **call at** my office at seven.

  7시에 내 사무실을 방문해 주십시오.
- He will **call on** me next Sunday.

그는 다음 일요일에 나를 방문할 것이다.

《주의》 visit는 사람이나 장소에 관계없이 사용된다.

226　227

carry on	계속 진행하다
carry out	실행하다

|동의어| continue (계속되다)

- I **carried on** my work through I had a fever.

  열이 있어도 나는 내 일을 계속 진행했다.

- I can not **carry out** this plan.　나는 이 계획을 실행할 수 없다.

228　229

catch at	붙잡으려고 하다
catch on	유행하다

- My jacket **caught at** a nail.　내 옷이 못에 걸렸다.

- The song has **caught on** well.　그 노래는 무척 유행하고 있다.

《참고》 He cahght me by the arm.　그는 내 팔을 잡았다.

230　231

catch fire	불붙다
make (a) fire	불을 지피다

- Wooden house **catches fire** quite easily.

  목조주택은 아주 쉽게 불이 붙는다.

- We **made fire** to roast beef.　우리는 고기를 굽기 위해 불을 지폈다.

《참고》 put out the fire 「불을 끄다」

  It took two hours to put out the fire.

  불을 끄는데 두 시간이 걸렸다.

232　233

clear away	(식탁 등을) 치우다
clear out	청소하다

- Will you **clear away** all the table?

  테이블 위의 것을 모두 치워주시겠습니까?

- My mother is **clearing out** the refrigerator.

어머니는 지금 냉장고를 청소하고 계신다.

<table>
<tr><td colspan="2">234   235</td></tr>
<tr><td>close up</td><td>~을 닫다, 결말 짓다</td></tr>
<tr><td>be close on/upon</td><td>~에 가깝다</td></tr>
</table>

- Please **close up** the door and lock it. 문을 닫고 잠그십시오.
- He **is close upon** sixty. 그는 60세에 가깝다.

《주의》 close가 동사로 쓰일 경우와 형용사로 쓰일 경우를 구별할 수 있
　　　어야 한다.

<table>
<tr><td colspan="2">236   237</td></tr>
<tr><td>come along</td><td>(명령문에서) 따라 와, 빨리 와</td></tr>
<tr><td>come over</td><td>엄습하다</td></tr>
</table>

- **Come along**, We don't have much time.

  빨리 와, 우리에겐 시간이 얼마 없다.
- A bit of chilliness **come over** me. 오한이 나를 엄습했다.

《주의》 come along이 명령문에서만 쓰이는 것은 아니다. 평서문에서는
　　　주로 전치사 with와 함께 쓰여 「~와 동행하다」는 뜻이 된다.
　　　I'm going to a party tonight. Will you come along with me?
　　　난 오늘 밤 파티에 갈 거야, 너도 나랑 같이 가겠니?

<table>
<tr><td colspan="2">238   239</td></tr>
<tr><td>come to an end</td><td>끝나다, 마치다</td></tr>
<tr><td>put an end to ~</td><td>~을 끝내다</td></tr>
</table>

- His long story has finally **come to an end**.

  그의 긴 이야기가 마침내 끝을 맺었다.
- We **put an end to** her talk.

  우리는 그녀의 이야기를 끝맺게 했다.

(NOTE) 이 두 숙어는 의미의 차이라기 보다는 쓰이는 문장형식에서 차이를
　　　보이고 있다.

<table>
<tr><td colspan="2">240   241</td></tr>
<tr><td>compare ~ to…</td><td>~을 …에 비유하다</td></tr>
<tr><td>campare ~ with…</td><td>~을 …과 비교하다</td></tr>
</table>

- Life is often **compared to** voyage.

  인생은 종종 여행에 비유된다.

- Let's **compare** England **with** France.

  영국과 프랑스를 비교해 봅시다.

  NOTE 자동사로 사용될 때에는 주로 부정문에서 compare with 「~에 필적하다, 비교되다」로 사용된다.

  His words don't compare with his deeds.

  그의 말은 행동과 일치하지 않는다.

242 243

consist in	~에 있다
consist of	~로 구성되다

|동의어| lie in (~에 있다), be composed of

- Happiness **consists in** contentment. 행복은 만족에 있다.

- Our class **consists of** 30 boys.

  우리 학급은 30명의 남자 아이들로 되어 있다.

  NOTE Health consists with temperance. 건강은 절제와 양립한다.

244 245

correspond to	~에 해당하다, 대등하다
correspond with	~와 일치하다, ~와 편지 왕래하다

- Wine in France **corresponds to** 'Soju' in Korea.

  프랑스의 포도주는 한국의 소주에 해당한다.

- His words do not **correspond with** his actions.

  = His words and actions do not correspond.

  그의 언행은 일치하지 않는다.

- He wishes to **correspond with** her.

  그는 그 여자와 서신왕래를 하고 싶어한다.

246 247

deal in	장사하다
deal with	다루다, 취급하다

- He **deals in** silk. 그는 실크 장사를 한다.

- I will **deal with** this problum. 나는 이 문제를 다룰 것이다.

(NOTE) deal with a person in … 「~을 상대로 …을 거래하다」

248   249

die from	(부상 등으로) 죽다
die of	(질병 등으로) 죽다

- He **died from** a serious wound. 그는 심한 부상으로 죽었다.
- He **died of** lung cancer. 그는 폐암으로 죽었다.

《참고》 die of hunger/thirst 「굶주림/갈증으로 죽다」

　　　　die from overwork 「과로로 죽다」

　　　　die by violence 「폭력에 의해 죽다」

250   251

do with	(의문사 what과) ~을 처리하다
do without	~없이 때우다

- Tell me what to **do with** it.

  그것을 어떻게 처리해야 하는지 말해주시오.

- I can not **do without** this dictionary.

  이 사전 없이는 지낼 수 없다.

(NOTE) do with 는 쓰이는 문장 형식에 따라 다양한 의미를 갖는다. 의문
사 what을 수반하는 경우 이외에도, **can, can not**과 함께 「~을 참
고 견디다」라는 뜻으로도 쓰인다.

　　　I can't do with the way he speaks.

　　　나는 그의 말투를 참을 수 없다.

　　　(가정법 could와 함께) 「~했으면 좋겠다」

　　　I could do with a shave. 면도를 했으면 좋겠다.

252   253

face to face	얼굴을 맞대고
in one's face	정면으로

- We stood **face to face**. 우리는 얼굴을 맞대고 섰다.
- We had the wind **in our face**. 우리는 정면으로 바람을 맞았다.

《참고》 in the face of 「~에 거슬러, ~에도 아랑곳 없이」

He remained calm **in the face of** such obvious danger.

그는 눈앞에 닥쳐온 위험에도 아랑곳 없이 침착했다.

254 255

| **feed ~ on**··· | ~에게 (먹을 것으로) ···을 주다 |
| **feed ~ with**··· | ~에 ···을 공급하다 |

- He **feeds** his horse **on** corn and beans.

  = He feeds corn and beans to his horse.

  그는 말에게 옥수수와 콩을 준다.

- We **fed** a stove **with** coal.

  = We **fed** coal **to** a stove.

  우리는 난로에 석탄을 넣었다.

NOTE 첫번째 뜻에서는 목적어로 주로 동물이 온다. feed가 자동사로 쓰이면, Cows feed on grass. 소는 풀을 먹고 산다.

256 257

| **find one's way** | 길을 찾아가다 |
| **have one's (own) way** | 자기 뜻대로 하다 |

- Can you **find your way** back to the hotel?

  너는 호텔로 돌아가는 길을 찾을 수 있느냐?

- You can not always **have your own way**.

  항상 네 마음대로 할 수 있는 것은 아니다.

258 259

| **for (all) the world** | 결코 ~ 아니다 |
| **in the world** | 세상에서, (의문사 뒤에서) 도대체 |

- I wouldn't go such a silly thing **for all the world**.

  나는 결코 그렇게 바보같은 짓은 하지 않을 것이다.

- What **in the world** are you concerned about?

  너는 도대체 무엇을 걱정하는 것이냐?

- He is the richest man **in the world**.

  그는 세상에서 제일 부자이다.

NOTE in the world도 부정문에서 쓰여 「결코 ~이 아니다」는 뜻을 가질 수 있다.

I have no money in the world. 나는 돈이 한푼도 없다.

260   261

| **from among** | ～중에서 |
| **from behind** | ～뒤에서 |

- He chose her **from among** many girls.

  그는 많은 여자들 중에서 그녀를 선택했다.
- He cried **from behind** the door. 그는 문 뒤에서 소리쳤다.

262   263

| **(live) from hand to mouth** | 근근히 살아가다 |
| **from head to foot** | 머리에서 발끝까지, 온통 |

- He lives **from hand to mouth**.

  그는 근근히 살아간다. (하루 일해 하루 먹고 산다.)
- We got wet **from head to foot**. 우리는 온몸이 흠뻑 젖었다.

264   265

| **go abroad** | 외국에 가다 |
| **get abroad** | (소문 등이) 퍼지다 |

- He **went abroad** to study music at the age of twenty.

  그는 20살에 음악을 공부하러 외국에 갔다.
- Word **got abroad** that he was dead.

  그가 죽었다는 소문이 퍼졌다.

NOTE 예문에서 that 절은 word와 동격이다.

266   267

| **go in** | ～에 들어가다 |
| **go in for** | ～에 열중하다, (시험을) 치르다 |

- He **went in** at the gate. 그는 대문을 열고 들어갔다.
- He **went in for** baseball. 그는 야구에 열중했다.
- I will **go in for** the entrance examination next year.

  나는 내년에 입학 시험을 치를 것이다.

《참고》 go in on 「~에 가담하다」

268 269

hand in ~을 제출하다
hand over ~을 넘겨주다

|동의어| submit

- I must stop him from **handing in** his resignation.
  나는 그가 사직서 내는 것을 막아야만 한다.
- He **handed over** the business to his successor.
  그는 사업을 후계자에게 물려주었다.

《참고》 hand down to 「~에게 전하다」
stop A from ~ing 「A에게 ~하는 것을 그만두게 하다」
Who can stop her from behaving like that?
누가 그녀의 그런 행동을 막을 수 있을까?

270 271

have an ear for ~을 알아듣다
turn a deaf ear to ~을 들으려 하지 않다,
마이동풍이다

- I don't **have an ear for** contemporary music.
  나는 요즘 음악을 이해할 수가 없다.
- He **turned a deaf ear to** my advice.
  그는 내 충고를 들으려 하지 않았다.

272 273

have an eye to ~에 눈독 들이다
keep an eye on ~을 감시하다, 지켜보다

- He **had an eye to** her property.
  그는 그 여자의 재산에 눈독을 들였다.
- **Keep an eye on** the baby.
  아기에게서 눈을 떼지 마라.

《참고》 lay eyes on 「~에 시선을 고정시키다」

have credit at ～에 예금이 있다
have credit with ～에 신용이 있다

- I **have credit at** the bank. 나는 그 은행에 예금이 있다.
- He **has credit with** the minister.
  = The minister credits him. 그는 장관의 신임을 받고 있다.

《참고》 have a credit for 「～라는 평판을 받다」

hear from ～로부터 소식을 듣다
hear of ～의 소식을 듣다

- Have you **heard** anything **from** him?

  그에게서 무슨 소식을 들었습니까?
- I have **heard** nothing **of** him.

  그에 대해 들은 것이 아무 것도 없다.

NOTE hear of는 부정문에서 「～에 찬성하다」라는 특별한 의미를 갖는다.

I will not hear of your going.

나는 네가 가는 것에 찬성하지 않는다.

hold/catch one's breath 숨을 죽이다
breathe one's last 숨을 거두다

- We **held our breath** in excitement.

  우리는 흥분해서 숨을 죽였다.
- He **breathed his last** this morning.

  그는 오늘 아침 숨을 거두었다.

《주의》 breathe [briːð] (호흡하다)와 breath [breθ] (호흡)의 발음 차이에

유념할 것.

in charge of ～의 책임인, ～을 맡고 있는
on charge of ～의 혐의로

- Mr. Brown is **in charge of** our class.
  브라운 선생님이 우리 학급 담임이시다.
- He was brought to trial **on charge of** fraud.
  그는 사기죄로 재판을 받게 되었다.

《참고》 the teacher in charge 「담임교사」

282 283

| **in demand** | 수요가 있는 |
| **on demand** | 요구대로 |

- His book is always **in great demand**.
  그의 책은 언제나 수요가 많다.
- He showed his passport **on demand**.
  그는 요구에 따라 여권을 보여주었다.

(NOTE) in demand는 주로 be동사와 함께 쓰인다.

284 285

| **in good health** | 건강한 |
| **on good humour** | 기분이 좋은 |

|반의어| out of humour (기분이 언짢은)

- He is **in good health** now. 그는 지금 건강이 좋다.
- His parents were **in good humour** when they met him.
  그의 부모는 그를 만나면 기분이 좋았다.

286 287

| **in (one's) life** | 생전에 |
| **for life** | 일생의, 평생 동안의 |

- He was a Buddhist **in life**. 그는 생전에 불교신자였다.
- Bad handwriting is a handicap **for life**.
  악필은 평생 동안 가는 결점이다.

《참고》 imprisonment for life 「종신형」

288 289

| **in one's way** | ～의 방해가 되다, 전공인 |
| **in the way of** | ～의 방해가 되다, ～의 점에서 |

- Physics is not **in his way**. 물리학은 그의 전공이 아니다.
- Great difficulties stood **in the way of** his success.
  커다란 난관들이 그의 성공을 가로막고 있다.
- There is nothing remarkable **in the way of** scenery.
  경치로는 뚜렷하게 볼만한 것이 없다.

290 291

(in) these days	요즈음
in those days	그 당시

- **In these days** the number of small cars is rapidly increasing. 요즈음에는 소형차들이 급속도로 증가하고 있다.
- Prices were much lower **in those days**.
  그 당시 물가는 훨씬 더 낮았다.

《주의》 in these days는 현재, in those days는 과거시제와 주로 쓰인다.

292 293

in time	때를 맞춰
on time	정시에

- He came **in time** to rescue me.
  그는 때 맞춰서 나를 구해주러 왔다.
- The plane took off exactly **on time**.
  비행기는 정시에 정확하게 이륙했다.

《참고》 out of time 「제철이 아닌, 늦은」
　　　　 of the time 「당시의, 그 시절의」

294 295

inquire of	～에게 묻다
inquire into	～를 조사하다

- I **inquired of** him about the matter.
  = I inquired the matter of him.
  나는 그 문제에 대해 그에게 물었다.
- We **inquired into** the cause of the accident.

우리는 그 사고의 원인을 조사했다.

《참고》 inquire after = ask after 「~의 안부를 묻다」

296   297

keep away ~ (from…)   ~을(…에) 접근시키지 않다
keep off   접근하지 못하게 하다

- **Keep** a child **away from** fire.

  어린아이가 불에 가까이 가지 못하게 하라.

- **Keep off** the grass.   잔디밭에 들어가지 마시오.

《참고》 keep A from~ing 「A에게 ~를 못하게 하다」

  The heavy rain kept us from going out.

  비가 많이 와서 우리는 외출할 수 없었다.

  cf. I'm sorry to have kept you waiting so long.

  당신을 이렇게 오래 기다리게 해서 죄송합니다.

298   299

keep (in) touch with   ~와 접촉을 유지하다
come into contact with   ~와 접촉하다, 만나다

- He has always **kept in touch with** English public opinion.

  그는 항상 영국의 여론과 접촉을 유지했다.

- I like **coming into contact with** various types of people.

  나는 다양한 유형의 사람들과 만나는 것을 좋아한다.

300   301

know of   ~에 대해 들어서 알고 있다
know ~ from …   ~와 …을 구별하다

- I **know of** such a book.

  나는 그런 책에 대해 들어서 알고 있다.

- You should **know** right **from** wrong.

  너는 옳고 그름을 구별할 줄 알아야만 한다.

NOTE There is no knowing ~ 「~을 알 도리가 없다」

  There is no knowing what troubles we shall have.

  어떤 귀찮은 일이 일어날지 알 도리가 없다.

| **leave ~ to** | (사람에게) ~을 맡기다 |
| **leave ~ with** | (사람에게) ~을 전하다 |

- He **leaves** important decisions up **to** me.
  그는 중요한 결정을 나에게 맡긴다.
- I **left** a massage **with** the receptionist.
  나는 접수계에 메시지를 남겼다.

NOTE be left with 「결과로 ~한 상태가 되다」
　　　I was left with utter confusion 결국 나는 극도로 당황했다.

| **lose oneself** | 길을 잃다 |
| **lose oneself in** | ~에 열중하다 |

|동의어| be lost in (~에 열중하다)

- I **lost my self** in the woods.　나는 숲속에서 길을 잃었다.
- She **lost herself in** the book.　그녀는 책에 푹 빠졌다.

make ~ from …	…으로 ~을 만들다 (화학적 변화)
make ~ of …	…으로 ~을 만들다 (물리적 변화)
	~을 …으로 만들다 (사람의 경우)

- They **make** wine **from** grapes.　포도로 와인을 만든다.
- I **made** a desk **of** wood.　나는 나무로 책상을 만들었다.
- He **made** a doctor **of** his son.　그는 아들을 의사로 만들었다.

《참고》 Milk is made into butter or cheese. 우유로 버터나 치즈가 만
　　　들어진다.

on all accounts	어떤 일이 있어도,
	모든 점에서
on no account	아무리 해도 ~않다

|동의어| on every account / not on any account

- I must invite her to dinner **on all accounts**.

  나는 어떤 일이 있어도 그 여자를 저녁식사에 초대해야 한다.

- It is best to do so **on all accounts**.

  모든 점에서 그렇게 하는 것이 가장 좋다.

- **On no account** associate with him.

  절대로 그와는 사귀지 말아라.

《참고》 on account of 「~때문에 (=because of, owing to)」

  On account of the storm, the ship could not set sail.

  폭풍우 때문에 그 배는 출항할 수 없었다.

310 311

| **on one's (own) account** | ~의 셈으로, ~을 위하여 |
| **on this account** | 이 때문에 |

- He started business **on his own account**.

  그는 자신만의 계산으로 사업을 시작했다.

- He had to give up his study **on this account**.

  이것 때문에 그는 공부를 포기해야만 했다.

312 313

| **on the air** | 방송 중인 |
| **in the air** | 공중에 |

|반의어| off the air (방송이 중단된)

- What's **on the air** this evening? 오늘 저녁 무엇이 방송되느냐?
- I wish I could fly **in the air**. 내가 하늘을 날 수 있다면 ~.

(NOTE) on airs 「의기양양하게」

314 315

| **on the contrary** | 이에 반하여, 도리어 |
| **to the contrary** | 그와는 반대로 |

- I thought it was going to rain, **on the contrary**, it cleared
  up. 나는 비가 올 거라고 생각했는데, 도리어 날씨가 갰다.
- I wanted to say something **to the contrary**.

  나는 그와는 반대되는 무언가를 말하고 싶었다.

on the way　　　　도중에
in the way　　　　방해가 되는

- I took a bus **on the way** back.　나는 돌아오는 길에 버스를 탔다.
- This is the only thing **in the way**

  이것이 방해가 되는 유일한 것이다.

out of mind　　　　잊게 되는, 마음에 없는
out of one's mind　　제정신이 아닌

- Out of sight, **out of mind**.

  보지 않으면 마음에서 멀어진다.
- He was either drunk or **out of his mind**.

  그는 취했거나 정신이 나갔거나 둘 중 하나였다.

NOTE put on in the mind for + 동명사 「사람에게 ~을 생각나게 하다」

　　　put ~out of one's mind 「~을 잊다」

out of question　　　확실한
out of the question　　불가능한, 논외의

- His honesty is **out of question**.

  그의 정직성은 확실하다.
- Such a talk is completely **out of the question**.

  그런 말은 전혀 말이 되지 않는다.

《주의》 관사의 유무에 주의할 것.

out of the way　　　방해가 되지 않는 곳에
under way　　　　진행 중인

|반의어| in the way (방해가 되는)

- Please keep your baggage **out of the way**.

  짐을 방해가 되지 않는 곳에 놓아 주십시오.
- The building of the new school is **under way**.

새 학교의 건축이 진행중에 있다.

324   325

part from	～과 헤어지다
part with	～을 버리다, 처분하다

- He tearfully **parted from** his brothers.

  그는 슬프게도 형제들과 헤어졌다.

- I **parted with** my car.

  나는 내 차를 처분했다.

《참고》 part company with 「～와 결별하다」

NOTE We parted best of friend.

  = When we parted, we were best of friends.

  우리는 최고의 친구 사이로 헤어졌다.

326   327

pass by	옆을 지나가다, (시간이) 지나가다
pass for	～로 통하다

|동의어| pass as (～로 통하다)

- I **pass by** her house on my way to school.

  나는 학교 가는 길에 그녀의 집을 지나간다.

- He **passed for** a learned man in his village.

  그는 마을에서 학식있는 사람으로 통했다.

328   329

provide for	～을 준비하다, 대비하다
provide ～ with ⋯	～에게 ⋯을 공급하다

- We must **provide for** our old age.

  우리는 노년을 준비해야만 한다.

- He **provided** his son **with** a good education.

  = He provided his son a good education.

  = He provided a good education for his son.

  그는 아들에게 좋은 교육을 시켰다.

《주의》 3형식 문장과 4형식 문장의 교환을 잘 파악할 것.

pull out	(이를) 뽑다, (열차가) 역을 출발하다
pull up	(차가) 멈추다, 잡아뽑다, 근절하다

- The train was ready to **pull out**.

  기차는 역을 출발할 준비가 되어 있었다.

- I had one of my teech **pulled out** at the dentist.

  나는 치과에서 이 하나를 뽑았다.

- Let's **pull up** at the next service station.

  다음 휴게소에서 차를 멈춥시다.

- I **pulled up** a tree.　나는 나무를 뽑아버렸다.

result from	～결과로 생기다
result in	(결국) ～으로 끝나다

- Diseases often **result from** poverty.

  질병은 가끔 빈곤으로 인해 생긴다.

- The plan **resulted in** failure.　그 계획은 결국 실패로 돌아갔다.

《주의》 result는 자동사이므로 수동태로 쓸 수 없다.

run into	～과 충돌하다
run over	(차가 사람을) 치다

|동의어| run against (～과 충돌하다)

- The two cars **ran into** each other.

  자동차 두 대가 서로 충돌했다.

- She was **run over** by the car.　그녀는 자동차에 치였다.

(NOTE) run into 「～을 만나다」

　　　If you run into my friend, be sure to say "hello" to him for me.

　　　만약 내 친구를 만나게 되면, 나를 대신해 안부 전해다오.

scores of	많은, 수십의
thousands of	많은, 수천의

- I tried **scores of** times. 나는 수십 번이나 시도해 보았다.
- **Thousands of** musicians took part in the contest.
  수천 명의 음악가들이 컨테스트에 참가했다.

[NOTE] score는 수의 개념으로 '20'을 의미하며, 항상 복수로 쓰인다.

338 339

| search into | ~을 조사하다 |
| search out | ~을 찾아내다 |

- The police are **searching into** the cause of the accident.
  경찰은 그 사고의 원인을 조사중이다.
- I will **search out** the truth.
  나는 진실을 찾아낼 것이다.

《참고》 in search of 「~을 찾아(서)」 search는 전치사 없이 타동사로
「수색하다」는 뜻을 갖는다.
  They searched everybody's luggage.
  그들은 모든 사람의 짐을 뒤졌다.

340 341

| side by side | 나란히 |
| step by step | 한 걸음씩, 차근차근 |

|동의어| gradually (차근차근)

- My son and I walked **side by side**.
  내 아들과 나는 나란히 걸었다.
- You must learn English **step by step**.
  너는 영어를 차근차근 배워야만 한다.

342 343

| succeed in | ~에 성공하다 |
| succeed to | ~을 계승하다 |

- He **succeeded in** passing the examination.
  그는 시험에 합격했다.
- He **succeeded to** his uncle's money.
  그는 삼촌의 재산을 물려받았다.

《참고》 succeed as + 직위 「~을 계승하다」

On Kennedy's death, Johnson succeeded as President.

케네디가 죽은 후 존슨이 대통령 직을 계승했다.

344 345

talk of ~에 관하여 말하다

talk to ~에게 말을 걸다

- **Talk of** the devil, and he is sure to come.

  호랑이도 제 말하면 온다. 《속담》

- I have no one to **talk to**.

  나에게는 이야기를 나눌 상대가 없다.

《주의》 talk about + 명사 / talk of + 명사 [동명사]

What are you talking about?

무엇에 관해 이야기하십니까?

He talks of going to Africa.

그는 아프리카에 갈 생각이라고 말한다.

346 347

to no purpose 헛수고인

to little purpose 성과가 거의 없는

- We made a suggestion **to no purpose**.

  우리는 제안을 했지만 헛수고였다.

- We negociated with him **to little purpose**.

  그와 협상을 해보았지만 성과는 거의 없었다.

348 349

up and down 이리저리, 오르락 내리락

ups and downs (인생의) 흥망성쇠

- I walked **up and down** in the building.

  나는 건물 안에서 오르락 내리락했다.

- Everybody has his **ups and downs**.

  모두가 흥망성쇠를 겪는다.

《주의》 up and down은 부사, ups and downs는 명사이다.

use to + 동사원형　　　종종 ～하곤 했다
be used to + 동명사　　～하는데 익숙하다

- I **used to** sit up till late at night.
  나는 밤늦게까지 앉아 있곤 했다.
- I **am used to sitting** up till late at night.
  나는 밤늦게까지 앉아 있는데 익숙하다.

《주의》 to 부정사와 동명사의 쓰임새에 주의할 것.

wait for　　　　　～을 기다리다
wait on/upon　　～을 시중들다

- Who are you **waiting for**?　너는 누구를 기다리냐?
- She will **wait on** our table.
  그 여자가 우리 테이블 시중을 들어줄 것이다.
- She always **wait on** her customers politely.
  그녀는 항상 고객을 정중하게 대한다.

《참고》 We are waiting for him to come.
　　　　우리는 그가 오기를 기다리고 있다.

《주의》 wait on 다음에는 사람이 쓰이는 것이 원칙이다.

write down　　적어두다
write for　　　편지로 ～을 청구하다, ～에 기고하다

- I will **write down** your name and address.
  네 이름과 주소를 적어두겠다.
- My son **wrote** me **for** money.
  아들은 내게 돈을 보내달라고 편지했다.
- He **wrote for** the newspaper.
  그는 신문에 기고했다.

《참고》 write to 「～에게 편지를 쓰다」

＊ to 다음에는 동사원형이 올까, 동명사 · 명사가 올까?

예를 들어 「나는 너를 만나보기를 기대한다」를 영어로 번역할 경우, I'm looking forward to see you. 하기 쉽다. 왜냐하면 「~을 기대한다」는 뜻의 숙어로 look forward to~를 알고 있고, to로 끝나기 때문에 뒤에 오는 동사는 to 부정사로 당연히 동사원형이 올 것이라고 생각하기 쉽기 때문이다.

그런데 결론부터 말하자면 이때의 to는 부정사절을 이끄는 to가 아니다. I go to school.에서의 to처럼 전치사 역할을 하는 to이다. 따라서 전치사 다음에는 명사나 명사에 상당하는 어구가 와야만 한다. 그러므로 위의 경우에서 see는 동명사의 형태인 seeing으로 바꿔 I'm looking forward to seeing you.가 되어야 한다.

이처럼 look forward to~에서 to는 전치사이므로 동명사뿐 아니라 명사가 나올 수도 있다.

I'm looking forward to visit. (너의 방문을 기대하고 있다.)

이렇게 to가 전치사인지 to 부정사를 이끄는 것인지를 판단하는 문제는 쉽지 않다. 영어를 모국어로 하는 미국인들조차도 가끔 틀리는 경우가 있다. 따라서 우리는 이런 문제에 특별한 주의가 필요하다.

이런 예를 가진 숙어를 몇 가지 더 들어보자.

I am used to eating with fork.
(나는 포크를 가지고 먹는데 익숙하다.)
We have bought land with a view to building a house.
(우리는 집을 지을 생각으로 땅을 사두었다.)

Chapter 03

출제순위영숙어 ● 수능독해직결숙어(Ⅰ)

뜻이 같은 숙어

❖ **The tooth.**

Patient : What do you charge for extracting a tooth?

Dentist : Thirty dollars.

Patient : What! For only two seconds' work?

Dentist : Well, if you wish, I can extract it very slowly.

❖ **이빨**

환자 : 이빨 하나 빼는 데 얼마입니까?

치과 의사 : 30달러입니다.

환자 : 뭐라구요! 겨우 2초밖에 안 걸리는 일인데요?

치과 의사 : 좋습니다. 원하신다면 아주 천천히 빼드릴 수도 있습니다.

356 357

a lot of /lots of   많은
a number of

- I have **a lot of** (=a number of) books. 나는 많은 책이 있다.

NOTE 수 · 양 모두에 쓰인다.

358 359

according as   ～에 따라서, ～에 응해서
in proportion as

- We will pay you **according as** (=**in proportion as**) you work. 우리는 네가 일한 만큼 지불하겠다.

NOTE 뒤에 절이 오는 것이 원칙이다.

360 361

accuse ~ of …   ～을 …로 고소하다
charge ~ with …

- We **accused** him **of** (=**charge** him **with**) bribery.

  우리는 그를 뇌물수뢰죄로 고소했다.

NOTE 「～을 …로 비난하다」는 뜻으로 accuse A of B = blame A for B = criticize A for B = condemn A for B 등이 있다.

  She accused him of being a liar.

  그녀는 그가 거짓말쟁이라고 비난했다.

362 363

adhere to   ～을 고수하다, 고집하다
hold to

- He **adhered to** (=**held to**) the original plans.

  그는 원래의 계획을 고수했다.

《주의》 adhere는 언제나 자동사로 쓰임에 주의할 것.

364 365

all of a sudden   갑자기
on a sudden

|동의어| suddenly

- **All of a sudden** (=**On a sudden**), it became cloudy.

  갑자기 날씨가 흐려졌다.

366   367

all the time   언제나
at all times

- I am **all the time** (=**at all times**) uneasy with him.

  나는 언제나 그와 있으면 편하지 않다.

《주의》 time의 수에 주의할 것.

368   369

anything but   결코 ～이 아니다
far from   ～ 이외에는 무엇이나

- He is **anything but** (=**far from**) a liar.

  그는 결코 거짓말쟁이가 아니다.

《참고》 far from ～ ing「～하기는 커녕」

　　　　Far from reading the letter, he did not open it.

　　　　그는 편지를 읽기는 커녕 열어보지도 않았다.

370   371

apply oneself to   ～에 전념하다
commit oneself to

- He **applied himself to** (=**committed oneself to**) the study of English.　그는 영어공부에 전념했다.

《참고》 I committed myself to help her (= to helping her).

　　　　나는 그녀를 돕겠다고 약속했다.

《주의》 둘다 부정사와 동명사가 자유롭게 쓰인다.

372   373

as it were   말하자면
so to speak

- The girl is, **as it were** (= **so to speak**), her father's treasure.

  말하자면 그녀는 아버지의 보물이다.

《참고》 as it is (대개 가정법 표현 다음에)「그러나 실상은」

Everything would be all right if we could pay him. As it is we must ask you for help. 우리가 그에게 돈을 갚을 수 있다면 만사가 괜찮을 텐데. 하지만 실상은 네게 도움을 구해야만 한다.

374 375
as regards　　　　　　～에 관해서는
with regard to

|동의어| as to

- **As regards** (=**With regard to**) money I have enough.
  돈에 관해서는 나는 충분하다.
- 《주의》 as regards에서 regard는 as follows처럼 비인칭동사이며, with regard to에서 regard는 명사이다.

376 377
as to　　　　　　～에 관해서
in regard of / to

- **As to** (=**In regard to**) the trip, no change can be made.
  여행에 관해서는 어떤 변화도 없다.
- 《참고》 regardless of 「～에 개의치 않고, ～에도 불구하고」
  You ought to work hard regardless of your income.
  수입에 상관 말고 열심히 일해라.

378 379
at a dash　　　　　　단숨에
at a strength

|동의어| at a breath

- He ran up the hill **at a dash** (=**at a strength**).
  그는 단숨에 언덕을 올라갔다.

380 381 382
at all events　　　　　　아무튼, 어쨌든
at any event
in any event

- **At all events (=In any event)** you had better call him up.

  아무튼 그를 전화로 불러내는 게 낫겠다.

  《참고》 in the event of ～「～할 경우에」

383 384

at any rate　　　　　　　　어쨌든
in any case

- Great men are few **at any rate (=in any case)**.

  어쨌든 위대한 사람은 거의 없다.

  《참고》 at the rate of「～의 비율로」

385 386

at first sight　　　　　　　첫눈에
at a glance

- I liked her **at first sight (=at a glance)**.

  나는 첫눈에 그 여자를 좋아했다.

  《참고》 steal a glance at = catch [have] a glimpse of「～을 슬쩍 보다」

387 388

at last　　　　　　　　　드디어, 마침내
in the end

- **At last (=In the end)** we succeeded in solving the question.

  마침내 우리는 그 문제를 푸는데 성공했다.

  《참고》 at (the) latest「늦어도」

　　　　last는 연속되는 것의 마지막 것이므로 뒤에 오는 것이 없음을 의미하고, latest는 연속되는 것 중 가장 최근의 것을 의미한다.

389 390 391

at the expense of　　　～을 희생하여,
at the cost of　　　　～의 대가를 치르고서
at the price of

- I did it **at the expense of (=at the cost of)** my health.

  나는 건강을 희생하면서 그 일을 했다.

  《참고》 at a great expense「막대한 비용을 들여서」

be apt to
be liable to
~하기 십상이다, ~하기 쉽다

- We **are apt to** (=**are liable to**) forget this fact.

  우리는 자칫하면 이 사실을 잊기 쉽다.

  NOTE be apt for 「~에 적합하다」

  be apt at 「~에 재주가 있다」

  He is apt at chess. 그는 체스에 재주가 있다.

be aware of
be conscious of
~을 알고 있다

- I **am aware of** (=**am conscious of**) the fact well.

  나는 그 사실을 잘 알고 있다.

  《참고》 beware of 「~을 조심하다」

  이 표현은 명령문에서 주로 쓰인다.

  Beware of the dog! 개조심 해!

be compelled to
be forced to
할 수 없이 ~하다

- I **was compelled to** (=**was forced to**) sign the contract.

  나는 하는 수 없이 계약서에 서명했다.

  《주의》 대부분 to부정사와 함께 쓰인다.

be confronted with
be faced by/with
~에 직면하다

- We **are confronted with** (=**are faced by**) a difficult problem.

  우리는 어려운 문제에 직면했다.

  《참고》 face on/to 「~을 향하고 있다」

  Our house faces (to) the south. 우리집은 남향이다.

Our house faces on the street. 우리집은 길가에 면해 있다.

400 401

be famous for
be noted for
〜로 유명하다

- She **is famous for** (=**is noted for**) her rich voice as a soprano singer.

  그녀는 소프라노 가수로서 풍부한 성량으로 유명하다

《참고》 be notorious for 「〜으로 악명높다」

402 403

be lacking in
be wanting in
〜이 부족하다

- Above all he **is lacking in** (=**is wanting in**) experience.

  무엇보다도 그는 경험이 부족하다.

《참고》 have no lack of 「〜에 부족함이 없다」

   주로 사람이 주어로 쓰이는 표현이다. 반면에 사물이 주어가 되면,

   Money is lacking for the plan. 그 계획에는 자금이 부족하다.

404 405 406

be rich in/with
be abundant in
abound in/with
〜이 풍부하다

|반의어| be poor in

- These countries **are rich in** (=**is abundant in**) natural resources.

  이 나라들은 천연자원이 풍부하다.

- America **abounds in** oil. = Oil **abounds in** America.

  미국은 석유가 풍부하다.

407 408

be taken ill
fall ill
병에 걸리다

- He **was taken ill** (**=fell ill**) right after he returned home.

  그는 집에 돌아온 후에 병에 걸렸다.

《주의》 일반적으로 형용사 ill은 서술적 용법에서만 사용된다. 따라서 명
  사 앞에서는 sick이 사용된다.

  a sick person 「아픈 사람」 the sick 「환자들」

409   410

be thankful to ~ for … … 에 대해 ~ 에게 감사하다
be grateful to ~ for …

- I **am thankful to** you **for** (**=am grateful to** you **for**) your favor.

  = I thank you for your favor.

  나는 당신의 친절에 감사드립니다.

411   412

be worth while   ~ 할 가치가 있다
be worthy of

- It **is worth while** reading [to read] this book.

  = This book **is worthy of** reading.

  이 책은 읽을 만한 가치가 있다.

NOTE be worth while의 경우에는 동명사와 to 부정사 모두 쓸 수 있다.

413   414   415

because of
owing to   (원인, 이유) ~ 때문에
on account of

- I can't attend the meeting **because of**(**=owing to**) illness.

  나는 병이 나서 그 모임에 참석할 수 없다.

《주의》 owing to는 단지 부사적 기능뿐 아니라 서술적으로도 사용되는
  경우가 있다.

  My failure was owing to **ill luck.**

  내 실패는 운이 나빴기 때문이었다.

before long
by and by

머지 않아

- **Before long**(=**By and by**) it will be warm enough to swim in the sea.

  머지 않아 바다에서 수영할 수 있을 만큼 따뜻해질 것이다.

  《참고》 the day before my birthday 「내 생일 전날」

beware of
be cautious of

~에 조심하다

- **Beware of**(=**Be cautious of**) pickpockets!

  소매치기들을 조심하시오!

  NOTE beware of는 명령형으로 주로 쓰인다.

  be cautious of ~ing 「~하지 않도록 주의하다」

  I will be cautious of giving offence.

  나는 남의 화를 사지 않도록 조심하겠다.

bring ~ into effect
put ~ into practice

~을 실행하다

- He agreed to **bring** my idea **into effect** (=**put** my idea **into practice**). 그는 내 생각을 실행에 옮기는데 동의했다.

  《참고》 agree to+동사 「~하는데 동의하다」

  I agree to respect the rights of others.

  나는 타인의 권리를 존중하는데 찬성한다.

by all means
at all costs
at any cost

어떤 일이 있어도, 반드시

|동의어| in any cost

- Come to the party **by all means**(=**at all costs**).

어떤 일이 있어도 파티에 오너라.

《참고》 by means of 「~에 의하여, ~으로」

Our thoughts can be communicated to others by means of speech.

우리의 생각은 말을 통해서 다른 사람들에게 전달될 수 있다.

425 426

by any means
in any way
어떻게든지

- I have to see him **by any means**(=**in any way**).

나는 어떻게든지 그를 만나아만 한다.

《참고》 by no means 「결코 ~이 아닌」

427 428

by dint of
by/in virtue of
~에 의하여, ~의 덕으로

|동의어| by means of

- He succeeded **by dint of**(=**by virtue of**) hard work.

그는 열심히 일한 까닭에 성공했다.

429 430

by no means
not ~ at all
결코 ~아닌

- He **by no means** tells a lie. = He does **not** tell a lie **at all**.

그는 결코 거짓말을 하지 않는다.

NOTE at all은 의문·조건·부정문에서 쓰여 부정적인 의미를 전달해 준다.

I am surprised at his giving at all.

그의 기부행위에 놀랐다. (그가 기부하리라곤 생각지도 못했는데.)

431 432

by some means or other
one way or another
어떤 방법으로든지

- He had to make money **by some means or other**.

그는 어떤 방법으로든 돈을 벌어야 했다.

《참고》 by all means 「반드시, 모든 수단을 다하여」

NOTE another 앞에는 어떤 한정사도 올 수 없지만, other 앞에는 the, this, that, my 등이 자유롭게 쓰인다.

　　my other son 「내 또 하나의 아들」

　　another son of mine 「내 또 하나의 아들」

433 434 435

cling to
stick to
persist in
　　　　　　　　　　　　　　　～에 집착하다

- He **clings to**(=**sticks to**) his principles.

  그는 자기의 원칙을 고수한다.

- She **persisted in** taking care of the dog.

  그녀는 고집스레 그 개를 돌보았다.

NOTE persist for 「～지속하다」

　　This legend has persisted for two thousand years.

　　이 전설은 이천 년 동안 계속되어 왔다.

436 437

coincide with
conform to
　　　　　　　　　　　　(취미, 의견 등이) 일치하다

- My hobby **coincides with** yours.

  내 취미는 네 취미와 같다.

- A coat must **conform to** the figure of the wearer.

  옷은 입는 사람 몸에 맞아야 한다.

《참고》 conform (oneself) to = adjust oneself to 「～에 따르다, 순응하다」

438 439

collide with/against
run against
　　　　　　　　　　　　～와 충돌하다

- The boat **collided with**(=**ran against**) a rock.

  보트는 바위와 충돌했다.

440 441

deprive ~ of …   ~로부터 …을 빼았다
rob ~ of …

- Nobody will **deprive** you **of** your position.

  어느 누구도 네 자리를 빼앗지 못할 것이다.

  [NOTE] clear A of B = relieve A of B = rid A of B

  「A에서 B를 제거하다, 치우다」

442 443 444

devote oneself to   ~에 열중하다
give oneself up to
abandon oneself to

|동의어| yield oneself to

- He is **devoting himself to**(=**giving himself up to**) study.

  그는 연구에 몰두하고 있다.

445 446

distinguish ~ from …   ~와 …를 구별하다
tell ~ from …

|동의어| distinguish between A and B = know A from B

- Can you **distinguish** a sheep **from** a goat?

  너는 양과 염소를 구별할 수 있느냐?

  [NOTE] Distinguish mankind into races. 인류를 인종별로 구분하라.

447 448

earn a living   생계를 꾸리다
make a living

- He managed to **earn a living**(=**make a living**) as a writer.

  그는 작가로 근근히 생계를 꾸려나갔다.

《주의》 living이 「생계」라는 뜻으로 사용될 때에는 단수형으로만 사용
　　　　된다.

449　450

feel for
sympathize with

~을 동정하다

* I **feel for** (=**sympathize with**) you deeply.

  나는 너를 마음속 깊이 동정한다.

《참고》 feel of 「손으로 ~를 만져보다」

451　452　453

first of all
in the first place
to begin with

우선, 무엇보다도

* **First of all**(=**In the first place**) you must give up

  smoking. 우선 너는 담배를 끊어야 한다.

《참고》 begin with 「~부터 시작하다」

　　　　 The ocean began with little drops of water.

　　　　 바다도 작은 물방울에서 시작됐다.

454　455

for a moment
for a while

잠시 동안

* He thought **for a moment**(=**for a while**).

  그는 잠시 생각에 잠겼다.

《주의》 for the moment 「우선, 당장은」

456　457

for God's /Heaven's sake
for mercy's /pity's sake

제발, 아무쪼록

* **For God's sake** lend me some money.

  제발 내게 돈을 좀 빌려 주세요.

458　459

for the moment
for the time being

당분간, 당장은

* I have nothing to do **for the moment**(=**for the time**

being). 나는 당분간 할 일이 없다.

(NOTE) for a moment 「잠시 동안」과 구별할 수 있을 것.

460   461

for the purpose of + 동명사   ~할 목적으로
with a view to + 동명사

|동의어| in order to + 동사원형

- He went to France **for the purpose of**(=**with a view to**) studying design.
  = He went to France **in order to** study design.
  그는 디자인을 공부할 목적으로 프랑스에 갔다.

462   463

from morning till night   온종일
all day long

- Nobody likes to work **from morning till night**(=**all day long**).
  어느 누구도 하루종일 일하는 것을 좋아하지는 않는다.

464   465

gaze at   ~을 주시하다
stare at

- We **gazed at**(=**stared at**) wonderful scenery.
  우리는 멋진 경치를 바라 보았다.

《참고》 gaze up at stars 「별을 지그시 바라보다」

《주의》 전치사를 생략하지 않도록 주의할 것.
  Father **stared** me **into** silence.
  아버지가 노려보자 나는 말없이 있었다.

466   467

get away with   ~을 가지고 도망치다
run away with

- He has **got away with**(=**run away with**) my money.
  그는 내 돈을 가지고 도망쳤다.

《참고》 with가 없이 get away, run away만으로는 「도망치다」는 뜻.

468   469

get over 　　　　　회복하다
recover from

- She soon **got over**(=**recovered from**) her cold.
  그 여자는 감기에서 곧 회복되었다.

《주의》 전치사의 사용에 주의할 것.

470   471

give way to 　　　　~에 양보하다, 꺾이다
yield to

- Never **give way to**(=**yield to**) temptation.
  절대 유혹에 넘어가지 마시오.

《참고》 yield precedence to 「~에게 차례를 양보하다」
　　　　 yield the palm to 「~에게 승리를 양보하다」

472   473

go to extremes 　　　극단에 이르다
go too far

- Young people seem to **go to extremes**(=**go too far**)
  following the fashion.
  젊은이들은 지나치게 유행을 따르는 것 같다.

474   475

have a good time 　　즐기다
enjoy oneself

- I **had a good time**(=**enjoyed myself**) yesterday.
  나는 어제 즐거운 시간을 가졌다.

(NOTE) in due time 「머지 않아, 곧」

476   477

have confidence in 　　~을 믿다
confide in

- You can certainly **have confidence in**(=**confide in**) his ability.

  너는 그의 능력을 확실하게 믿어도 좋다.

  《참고》 confide oneself to 「~에게 의지하다」

  　　　　in confidence 「비밀로」

  　　　　Let me tell you something in confidence.

  　　　　네게 비밀 이야기 해줄게.

478　479　480

here and there　　여기저기
to and fro
from place to place

- Children were running **here and there**(=**to and fro**).

  어린아이들이 여기저기에서 뛰어다니고 있었다.

481　482

hold one's tongue　　침묵하다
keep silent

- **Hold your tongue**(=**Keep silent**) while I am talking.

  내가 말하고 있을 때는 조용히 해라.

  NOTE find one's tongue 「(깜짝 놀란 후) 겨우 말문이 열리다」

  　　　lose one's tongue 「할 말을 잃다」

483　484　485

in a moment　　즉시, 순식간에
in an instant
on the instant

- The ghost disappeared **in a moment**(=**in an instant**).

  유령은 순식간에 사라졌다.

  《참고》 the instant (that) 「~ 하자마자 (=as soon as)」

486　487

in a temper　　화를 내고
in a rage

|동의어| in anger

* He tore up the letter **in a temper**(=in a rage).

  그는 화를 내며 편지를 찢어버렸다.

  NOTE temper는 셀 수 있는 명사이므로 언제나 관사와 함께 사용된다.

488 489

in a word
in brief　　　　간단히 말하자면

|동의어| to put it briefly

* **In a word**(=In brief), I want some money.

  간단히 말해서 나는 약간의 돈을 원한다.

490 491

in all directions
on all sides　　　　사방팔방으로

* They ran away **in all directions**(=on all sides).

  그들은 사방으로 흩어져 도망쳤다.

  《주의》 명사가 모두 복수인데 주의할 것.

492 493

in case of
in the event of　　　　~의 경우에는

* **In case of**(=In the event of) fire, ring the alarm bell.

  화재가 난 경우에는 경보 벨을 울리시오.

  《참고》 In case (that) I am late, don't wait to start dinner.

  　　　내가 늦을 경우에는 먼저 식사를 하시오.

494 495

in joke
in jest　　　　농담으로

* Don't take it seriously because I said it **in joke**.

  농담으로 하는 말이니 심각하게 받아들이지 마라.

  NOTE play a joke on 「~을 놀리다」

496   497

in one's company　　　～와 함께
in company with

- I never get bored **in his company**(=in company with him). 그와 함께 있으면 지루한 줄 모른다.

《참고》 keep company with 「～와 교제하다」
You'd better not keep company with them.
너는 그들과 사귀지 않는 것이 좋겠다.

498   499   500

in spite of　　　～에도 불구하고
for all
with all

|동의어| despite of

- **In spite of**(=For all) his misfortune, he is quite cheerful.
그는 불운함에도 불구하고 매우 쾌활하다.

NOTE despite of 보다는 despite만이 주로 쓰인다.

501   502   503

indulge in　　　～에 빠지다, 열중하다
indulge oneself in
addict oneself to

|동의어| be addicted to

- He **indulges in**(=indulges himself in) drinking.
그는 술에 빠져 있다.

NOTE addict가 명사로 쓰이면 「중독자」라는 뜻이 된다.
a morphine addict 「마약중독자」

504   505

lay by　　　저축하다
set by

- He **laid by**(=set by) a lot of money for his old age.

그는 노년을 위해 많은 돈을 저축해 두었다.

《주의》 lie「눕다」는 자동사이므로 목적어를 취하지 않는다. 반면에 lay 「눕히다, 놓다」는 타동사로 반드시 목적어를 취한다. lie의 과거 형이 lay이기 때문에 현재형의 lay와 혼동을 일으키지 않도록 주 의한다.

lie「눕다」–lay–lain

lay「눕히다」–laid–laid

lie「거짓말하다」–lied–lied

leave ~ alone　　　~을 홀로 남겨두다
let ~ alone　　　그냥 내버려두다

- **Leave** me **alone**(=**Let** me **alone**) to do that.

내가 그것을 하도록 내버려 두시오.

《참고》 let alone「~은 말할 것도 없고」

He was too tired to walk, let alone run.

그는 달리기는 고사하고 걷지도 못할 만큼 피곤했다.

lie upon/on　　　(결정, 책임 등이) ~에 달려있다
rest with

- The decision **lies upon**(=**rest with**) you.

결정은 너에게 달려있다.

《참고》 It rests with you to decide　결정은 너에게 달려있다.

look for　　　~을 찾다
search for

|동의어| seek for

- We are **looking for**(=**searching for**)the lost boy.

우리는 잃어버린 아이를 찾고 있다.

NOTE search A for B「B를 찾아 A를 수색하다」

I searched the room for the key.

나는 열쇠를 찾기 위해 방을 뒤졌다.

512 513
lose one's temper with
be angry with /at
〜에게 화를 내다

- He **lost his temper with**(=was angry with) her at last.

그는 마침내 그녀에게 화를 내고 말았다.

《주의》 angry at + 사람/사물, angry with+ 사람

이 경우 전치사 against를 사용하지 않도록 조심할 것.

514 515
lose one's way
get lost
길을 잃다

|동의어| go astray

- I **lost my way**(=got lost) in the crowd.

나는 군중 속에서 길을 잃었다.

516 517 518
make allowance for
allow for
take account of
〜을 참작하다, 고려하다

- The policeman **made allowance for**(=allowed for) my youth. 경찰은 내 젊음을 고려해주었다.

《참고》 allow of 「〜을 허용하다」 주어로는 사물이 쓰인다.

The matter allows of no delay.

이 문제는 조금도 지체할 수 없다.

519 520
make friends with
make the /an acquaintance of
〜와 친구가 되다

- He **makes friends with** anybody he meets.

그는 만나는 누구와도 친구가 된다.

《주의》 friends는 복수로, acquaintance 「면식, 앎」은 단수로 되어 있다.

521 522

make off   달아나다
run away

- He **made off**(=**run away**) like an arrow.

  그는 재빨리 도망쳤다.

523 524

make one's mark   이름을 떨치다
make a name for oneself

- It was in his later years that he **made his mark**.

  만년에 들어서 그는 이름을 떨쳤다.

《참고》 above the mark 「표준 이상으로」

　　　　 below the mark 「표준 이하로」

525 526 527

make use of   ~을 이용하다
take advantage of
avail oneself of

|동의어| use, utilize

- I **made use of**(=**availed myself of**) the opportunity.

  나는 그 기회를 이용했다.

《참고》 be of avail 「쓸모가 있다」

　　　　 be of no avail 「전혀 쓸모가 없다」

528 529

more often than not   종종
as often as not

- He plays golf with his friends **more often than not**.

  그는 가끔 친구들과 골프를 친다.

《주의》 more than 「~이상으로」

　　　　 more ~ than … 「…라기 보다는 오히려 ~」

　　　　 She is **more** kind **than** wise.

　　　　 그녀는 현명하기보다는 친절하다.

not to mention
needless to say
to say nothing of
~은 말할 것도 없이

|동의어| not to speak of

- He can speak French, **not to mention**(=**needless to say**) English.　그는 영어는 말할 것도 없고 프랑스어도 할 줄 안다.

(NOTE) still more (긍정문 다음에) 「더욱더, 하물며」

　　still less (부정문 다음에) 「하물며 ~이 아니다」

　　He can speak French, still more English.

　　그는 프랑스어를 할 줄 안다, 하물며 영어야 말할 것도 없다.

occur to
hit upon
생각나다

- A good idea **occured to** me. = I **hit upon** a good idea.　나는 좋은 생각이 떠올랐다.

《참고》 It occurred to me that I had forgotten my wallet.

　　나는 지갑을 잊고 나왔다는 생각이 떠올랐다.

prevent ~ from + 동명사
keep ~ from + 동명사
…이 ~하는 것을 방해하다[막다]

- The snow **prevented** him **from going** out.

　= Because of the snow, he couldn't go out.

　눈 때문에 그는 외출할 수 없었다.

(NOTE) 사물주어인 경우에는 위의 예처럼 부사적으로 해석하는 것이 자연스럽다.

refrain from + 동명사
abstain from + 동명사
~하는 것을 억제하다

- Please **refrain from**(=**abstain from**) **smoking** here.

여기서는 흡연을 삼가해 주십시오.

NOTE 두 동사 모두 자동사로 쓰인다.

539 540

rely on/upon
count on
～에 의지하다, 신뢰하다

|동의어| feel / put / have reliance on

- You can **rely on**(=count on) his prompt action.

  그의 신속한 행동을 믿어도 좋다.

541 542

run short of
be short of
～이 부족하다

|반의어| be rich in/with

- We are **running short of**(=being short of) time.

  우리는 지금 시간이 부족하다.

NOTE be short for「～의 약어이다」

  Doc is short for doctor. Doc은 doctor의 약자이다.

543 544

see ~ off
send ~ off
～을 배웅하다

- Let's go to the station to **see** him **off**.

  그를 배웅하러 정거장에 갑시다.

545 546

struggle for
strive for
～을 얻으려고 애쓰다

- Everybody **struggles for**(=strives for)a living.

  모두가 생계를 위해 애쓴다.

NOTE strive to do「～하려 애쓰다」

  He strove to overcome his bad habits

  그는 자기의 나쁜 버릇을 없애려고 애썼다.

take a fancy to
take a liking to
~을 좋아하게 되다

- The children **took a fancy to** their teacher.
  아이들은 그들의 선생님을 좋아하게 되었다.
  NOTE 전치사 to 대신에 for를 사용해도 좋다.

take a seat
seat oneself
(자리에) 앉다

|동의어| be seated

- She **took a seat**(=**seated herself**) quietly before the piano.
  그녀는 피아노 앞에 조용히 앉았다.

take care of
look after
~을 돌보다

- Who will **take care of**(=**look after**) your dog while you're
  away. 당신이 없는 동안 개는 누가 돌볼 겁니까?
  NOTE care of 「~을 좋아하다, 돌보다」
  care about 「~을 염려하다」

take ~ for …
mistake ~ for …
~을 …라고 (잘못) 생각하다

- We **took** him **for** an American.
  우리는 그를 미국인으로 생각했다.
  NOTE take를 써도 mistake처럼 잘못 생각한 것을 의미한다.

take pains
take trouble
수고하다, 애쓰다

- He **takes pains**(=**takes trouble**) with his lessons.
  그는 학과 공부하느라 애쓰고 있다.

 take the trouble to do = have much trouble (in) –ing 「기꺼이 ~하다」

Did you have much trouble in finding my house?

당신은 우리집을 찾는데 고생하셨습니까?

557 558 559

take pride in   ～을 자랑하다
pride oneself on   ～에 긍지를 가지다
boast of

|동의어| be proud of

- You must **take pride in**(=**pride yourself on**) your present work. 너는 현재 하는 일에 긍지를 가져야만 한다.

NOTE boast oneself (to be) ～ 「～임을 자랑하다」

He boasted himself (to be) an artist.

그는 자신이 예술가임을 자랑했다.

560 561

with the intention of   ～할 목적으로
with the view of

- I came up to Seoul **with the intention of** studying painting. = I came up to Seoul in order to study painting.

나는 그림을 공부하기 위해서 서울로 올라왔다.

《주의》 뒤에는 주로 동명사가 사용된다.

✳ for oneself와 by oneself

  for oneself와 by oneself는 의미를 구분하기가 힘든 경우가 있다. 두 숙어의 정확한 의미 차이는 무엇일까?

  사전을 찾아보면 for oneself와 by oneself 모두 「혼자 힘으로」라고 되어 있다. 그러나 이 두 개의 숙어가 동의어라고 가르치지는 않는다.

  그럼 이 숙어의 정확한 의미는 무엇일까? 다음 두 예문을 잘 살펴보자.

She likes to do everything for himself.
(그 여자는 혼자서 모든 일을 하고 싶어한다.)
He went to the movies (by) himself.
(그는 혼자서 영화관에 갔다.)

  이제 두 숙어를 좀더 정확히 해석해보자. for oneself에는 「자기의 이익을 위해서」라는 뜻이 포함되어 있다. 반면에 by oneself에는 그런 의미가 포함되어 있지 않다.

  따라서 for oneself는 without help from other and in order to benefit oneself 「다른 사람의 도움없이 그리고 자신의 이익을 위해서」란 뜻으로 요약된다. 한편 by oneself는 단지 without help and alone 「도움 없이 그리고 홀로」라는 뜻이다.

  여기에서 by oneself의 by가 자주 생략되어 사용되는 이유를 알게 된다.

뜻이 반대되는 숙어

❖ A reason.

"ladies and gentlemen,"

shouted the charlatan in the market place,

"I have sold over a million bottles of this great cure-all, and I have never received a single complaint. I ask you, what does that prove?"

Came a voice from the crowd.

"It proves that dead men never talk."

❖ 이유

"신사 숙녀 여러분!"

돌팔이 의사가 시장바닥에서 소리질렀다.

"나는 이 위대한 만병 통치약을 지금까지 100만 병 이상 팔았지만, 단 한 명도 불평을 하지 않았습니다. 이것은 무엇을 증명합니까?"

구경꾼 중에서 목소리가 들렸다.

"죽은 자는 말이 없다는 걸 증명하지요."

after dark   해진 후에
before dark   해지기 전에

- I visited him **after dark**. 나는 해가 진 후에 그를 방문했어.
- You had better go home **before dark**.

  넌 해가 지기 전에 집에 가는 편이 낫다.

《참고》 in the dark 「어둠 속에서」

   He was looking for the chair in the dark.

   그는 어둠 속에서 의자를 찾고 있었다.

argue for   ~에 찬성하다
argue against   ~에 반대하다

- He **argued for** the programs for the party.

  그는 그 당의 계획에 찬성했다.

- He **argued against** the propositions.

  그는 그 제안들에 반대했다.

《참고》 argue with A about/on/over B 「B에 대해 A와 논쟁하다」

   He often argued with his father about politics.

   그는 아버지와 정치에 대해 종종 논쟁했다.

at first hand   직접적으로
at second hand   간접적으로

- I heard the news **at first hand**. 나는 직접 그 소식을 들었다.
- I heard the news **at second hand**.

  나는 간접적으로 그 소식을 들었다.

(NOTE) 정관사 the가 쓰이지 않는데 주의할 것.

at night   밤에, 야간에
in the daytime   주간에

- He usually sits till late **at night**. 그는 밤늦게까지 앉아 있다.

- The sun shines **in the daytime**. 해는 낮에 비춘다.

《참고》 at dead of night 「한밤중에」

570 571

at the beginning of	～의 초에
at the end of	～의 말에, 끝에

- He left for England **at the beginning of** May.

  그는 5월 초에 영국으로 떠났다.

- I will be back at the end of next year.

  나는 내년 말에 돌아올 것이다.

NOTE in the end 「결국」은 부사적 기능을 한다.

572 573

at (the) best	기껏해야, 잘해야
at (the) worst	못되어도, 최악의 경우에도

- He is **at best** a second-rate writer.

  그는 기껏해야 이류작가이다.

- He will be a music critic **at worst**.

  그는 못되어도 음악 평론가는 될 것이다.

574 575

at war	교전중인, 사이가 좋지 않은
at peace	평화로운, 사이가 좋은

- He is always **at war** with his neighbors.

  그는 항상 이웃과 사이가 좋지 않다.

- Korea is **at peace** with all the world.

  한국은 세계 모든 나라들과 사이가 좋다.

《참고》 a civil war 「내전」

 a declaration of war 「선전포고」

576 577

be absent from	～에 결석하다
be present at	～에 참석하다

|동의어| absent oneself from, assist at

- He **was absent from** school yesterday.

  그는 어제 학교에 결석했다.

- Thirty persons **were present at** the meeting.

  = Thirty persons assisted at meeting.

  삼십명이 회의에 참석했다.

578   579

be awake to	~을 깨닫다
be blind to	~을 알지 못하다

- They **are** still not **awake to** the danger of their position.

  그들은 아직 그들의 처지가 위험하다는 것을 깨닫지 못하고 있다.

- He **is** completely **blind to** his faults.

  그는 자신의 잘못을 전혀 모르고 있다.

580   581

be capable of	~할 수 있는
be incapable of	~할 수 없는

- He **is capable of** going abroad. 그는 외국에 갈 수 있다.

- She **is incapable of** telling a lie. 그녀는 거짓말을 하지 못한다.

NOTE 전치사 다음에는 to 부정사가 아니라 동명사를 사용한다는 것은, 전치사 다음에는 언제나 명사가 온다는 사실과 통한다.

582   583

be consistent with	~와 일치되다
be inconsistent with	~와 모순되다

|동의어| consist with (~와 일치하다)

- This **is consistent with** your principles.

  이것은 네 방침과 일치한다.

- What he says **is inconsistent with** the fact.

  그가 말하는 것은 사실과 모순된다.

《참고》 be consistent in 「~에 모순이 없다」

  He **is** not consistent in his statement.

  그의 말에는 모순이 없다.

be content with   ～에 만족하다
be discontent with   ～에 불만이다

|동의어| be satisfied with = make do with (～에 만족하다)

- He **is content with** his salary.

  그는 자기 봉급에 만족하고 있다.

- He **is discontent with** his present position.

  그는 그의 현재 직위에 불만이다.

NOTE He is content to be a sailor. 그는 선원인 것에 만족한다.

의미상 동의어인 contented는 한정적 · 서술적으로 쓰인다.

Look at his contented look. 그의 만족해하는 표정을 보아라.

He is contented with his present job.

그는 현재의 직업에 만족한다.

be dependent on/upon ～에 의존하다
be independent of   ～에서 독립하다

- He **is dependent on** his parents.

  그는 부모에게 의존하고 있다.

- He **is independent of** his parents.

  그는 부모에게서 독립해 있다.

NOTE 전치사가 달라지고 있음에 주의할 것.

be different from   ～과 다르다
be similar to   ～과 유사하다

- My opinion **is different from** yours.

  내 의견은 네 의견과 다르다.

- Your taste **is similar to** mine. 네 취향은 내 취향과 비슷하다.

《주의》 different의 반의어라 생각하기 쉬운 indifferent는 전혀 다른 뜻
으로 「～에 무관심한」으로 be indifferent to 「～에 무관심하다」
가 된다.

be good at　　　　～에 능숙하다
be poor at　　　　～에 미숙하다

- He **is good at** playing baseball. 그는 야구를 잘 한다.
- She **is poor at** mathematics.

  그녀는 수학을 잘 하지 못한다.

《참고》 His fingers are all thumbs. 그는 손재주가 없다.

592 593

be in time for　　　　～ 시간에 맞추다
be late for　　　　～에 늦디

- I **was** just **in time for** the express.

  나는 급행열차의 시간에 정확히 맞추었다.
- He **was late for** school. 그는 학교에 지각했다.

《참고》 Spring is late in coming in this part of the country.

　　　　이 지방에는 봄이 오는 것이 늦다.

594 595

be indifferent to　　　　～에 무관심하다
be interested in　　　　～에 흥미가 있다

- He **is indifferent to** his clothes. 그는 옷에 무관심하다.
- He **is interested in** SF novels.

  =He takes (an) interest in SF novels.

  그는 공상과학 소설에 관심을 가지고 있다.

《참고》 lose (an) interest in 「～에 관심을 잃다」

596 597

be superior to　　　　～보다 우수하다
be inferior to　　　　～보다 못하다

- This camera **is superior to** that.

  이 카메라는 저것보다 품질이 우수하다.
- I **am inferior to** him in some respects.

  나는 몇 가지 점에서 그에게 뒤진다.

598 599

| **be well off** | 부유하다 |
| **be badly off** | 가난하다, 궁핍하다 |

- He **is** now **well off**. 그는 지금 부자이다.
- The movie star **is** now **badly off**.

  그 영화 배우는 지금 궁핍하게 산다.

《참고》 I feel badly. 몸이 불편하다

　　　　I feel bad. 기분이 언짢다

600 601

| **be willing to** + 동사원형 | 기꺼이 ～하다 |
| **be reluctant to** + 동사원형 | ～하기를 꺼리다 |

- He **is willing to** act the part of guide.

  그는 기꺼이 안내인 역을 수행하려고 한다.
- I **am reluctant to** read this book.

  나는 마지못해 이 책을 읽을 뿐이다.

NOTE to 다음에는 동사 원형이 쓰인다.

602 603

| **by accident** | 우연히 |
| **on purpose** | 고의로, 일부러 |

|동의어| accidently (우연히), purposely (고의로)

- I met her this morning **by accident**.

  나는 오늘 아침 우연히 그녀를 만났다.
- I am sure he didn't do it **on purpose**.

  나는 그가 고의로 그것을 하지 않았다고 확신한다.

604 605

| **catch hold of** | ～을 잡다 |
| **lose hold of** | ～을 놓치다 |

- **Catch hold of** this rope. 이 줄을 잡아라.
- He **lost hold of** the tree. 그는 나무에서 잡을 데를 놓쳤다.

《참고》 have a hold on[over] 「～에 대해 지배력이 있다」

catch sight of　　　　　～을 찾아내다

lose sight of　　　　　～을 (시야에서) 놓치다,

　　　　　　　　　　　　～와 오래 만나지 않다

- I **caught sight of** him in the crowd.

  나는 군중 틈에서 그를 찾아냈다.

- You must not **lose sight of** this fact.

  너는 이 사실을 놓쳐서는 안된다.

《참고》 see the sights of + 도시명「도시를 관광하다」

count for much　　　　대단히 중요하다

count for nothing　　보잘 것 없다, 쓸모가 없다

- It **counts for much** in Korea.

  그것은 한국에서 무척 중요하다.

- Mere cleverness **counts for nothing**.

  단순히 영리한 것만으로는 아무 쓸모가 없다.

《참고》 take count of = set count on「～을 중시하다」

　　　 take no count of = set no count on「～을 안중에 두지 않다」

get into　　　　　　　～로 들어가다

get out　　　　　　　나오다, 나가다

- He **got into** the dark room.　그는 어두운 방으로 들어갔다.
- As the door was locked, I couldn't **get out**.

  문이 잠겨 있어서 나는 나갈 수 없었다.

《참고》 get out of「～에서 나오다」

　　　 Get out of here! 여기서 썩 나가거라!

get the better [best] of　　～에 이기다, ～을 능가하다

get the worst of　　　　　～에 지다

- I **got the better of** him. 나는 그를 이겼다.

- He **got the worst of** a quarrel. 그는 싸움에 졌다.

(NOTE) 이때 get 대신에 have를 사용할 수도 있다.

614 615

| **go ahead** | 앞으로 나아가다, 진행하다 |
| **go back** | 돌아가다 |

- Things are **going ahead**. 일들이 잘 진행되고 있다.
- He **went back** to his native place. 그는 고향으로 돌아갔다.

《참고》 be ahead of 「~보다 앞서 있다」

be back 「돌아오다」

I'll be back at six. 6시에 돌아오겠다.

616 617

| **go well** | 잘 되다 |
| **go wrong** | 잘못되다 |

- Is everything **going well** with you? 모든 것이 잘 되어가니?
- I'm sorry your plan **went wrong**.

네 계획이 잘못되어 유감이다.

(NOTE) go bad 「(음식 등이) 상하다, 쉬다」

618 619

| **have faith in** | 신용하다, 믿다 |
| **lose faith in** | 신용하지 않다, 믿음을 잃다 |

|동의어| have belief in (신용하다, 믿다)

- He **has faith in** his own ability. 그는 자신의 능력을 믿는다.
- I have **lost faith in** his words.

나는 그의 말을 믿지 않게 되었다.

(NOTE) own은 주로 소유형용사 다음에 사용된다.

It's nice if a child can have his own room.

어린아이가 자기만의 방을 갖는다면 멋진 일이다.

- 이중 소유격의 구조를 갖기도 한다.

I'd like to have a car of my own(=my own car).

나는 나만의 차를 갖고 싶다.

in a good temper　기분이 좋은
in a bad temper　기분이 나쁜

- He is usually **in a good temper** in the morning.
  그는 아침이면 보통 기분이 좋다
- Why is he **in a bad temper**? 그는 왜 기분이 나쁘냐?

《참고》 in a temper 「화를 내고 있는」

in danger of　위험에 처해 있는
out of danger　위험에서 빗어난

- The ship was **in danger of** being wrecked.
  그 배는 난파될 위험에 처해 있었다.
- She is **out of danger**. 그녀는 위험에서 벗어났다.

《참고》 in danger of 다음엔 주로 동명사 형태가 쓰인다.
People who doubt are not in danger of being ruled by emotion. 의심이 많은 사람은 감정에 의해 지배받을 위험이 없다.

in fashion　유행하는
out of fashion　한물간, 유행에 뒤쳐진

- These hats are **in fashion**. 이런 모자들이 유행이다.
- These watches are **out of fashion**.
  이런 시계는 유행이 지난 것이다.

(NOTE) out of work 「실직중인」, out of print 「절판된」, out of stock 「재고가 바닥난」, out of date 「구식의」, out of season 「철이 지난」

in general　일반적으로
in particular　특히

|동의어| generally (일반적으로), particularly (특히)

- **In general** the country has a severe climate.
  일반적으로 그 나라의 기후는 극단적이다.

- He told me about one instance **in particular**.

  그는 특히 한 가지 예를 나에게 말했다.

《주의》 country는 셀 수 있는 명사로, 「나라, 국토」라는 의미를 지니므로, a country 혹은 countries가 된다. 그러나 「시골」이란 뜻으로 쓰이면 언제나 단수형으로 the country가 된다.

  How many countries are there in Europe?

  유럽에는 얼마나 많은 나라가 있느냐?

  Would you rather live in the city or the country?

  도시에 살고 싶으냐, 시골에 살고 싶으냐?

628 629

in good times	좋은 때에, 바로 / 곧
in bad times	불경기일 때, 늦어서

- He bought many pieces of land **in good times**.

  그는 경기가 좋을 때에 땅을 꽤 많이 사두었다.

- The firm went down **in bad times**.

  그 회사는 불경기일 때 도산했다.

《주의》 복수형 times는 「때, 시대, ~번」이란 뜻을 갖는다.

630 631

in high / great spirits	기분이 좋은 상태로
in low / poor spirits	기분이 언짢은 상태로

- He went out with his friends **in high spirits**.

  그는 기분좋게 친구들과 외출했다.

- He came home **in low spirits**.

  그는 의기소침해져서 집에 왔다.

《주의》 spirits는 복수 형태로 사용되어 추상명사가 아니라 보통명사로 「기분」이란 뜻을 갖는 것으로 본다. temper가 쓰인 숙어와 종종 비교된다.

632 633

in one's absence	~가 없을 때에
in one's presence	~의 면전에서

- Don't speak ill of another **in his absence**.

  없는데서 남을 욕하지 마라.

- We feel secure **in his presence**.

  우리는 그의 앞에서 안심하게 된다.

634   635

in one's (right) senses 제정신인

out of one's senses   제정신이 아닌, 정신을 잃은

- I don't think he was **in his senses** then.

  나는 그때 그가 제정신이었다고는 생각하지 않는다.

- He is **out of his senses**. 그는 제정신이 아니다.

《참고》 come to one's senses 「의식을 되찾다」

　　　　 lose one's senses 「기절하다」

NOTE 복수형 senses는 「정상적인 의식상태」를 의미한다. 즉 오감이 모두 살아있는 상태이므로 복수형이 쓰이는 것이다.

636   637

in private   개인적으로, 사적으로

in public   공공연히, 여러사람 앞에서

- I wish to speak to you **in private**.

  나는 사적으로 너와 말하고 싶다.

- I'm not used to speaking **in public**.

  나는 대중 앞에서 연설하는데 익숙하지 못하다.

《참고》 the public 「일반 대중, 국민」

638   639

in the presence of + 명사   ～의 면전에서

in the absence of + 명사   ～이 없을 때에

- **In the presence of** a large company, he talked big.

  많은 사람들 앞에서 그는 큰소리로 말했다.

- **In the absence of** the teacher, he talks idly.

선생님이 없을 때면 그는 잡담을 한다.

NOTE in one's persence[absence]와 의미 차이는 없다. 즉, 전치사 of 뒤의 명사가 대명사가 되어 one 대신에 쓰인다고 생각하면 된다. 물론 이때 one은 명사 presence와 absence 앞에 쓰여 소유격이 된다.

640 641

in the right   바른, 옳은
in the wrong   틀린, 잘못된

- Which is **in the right**? 어느 것이 옳은 것입니까?
- I don't know if I am **in the wrong**.
  내가 틀렸는지 아닌지를 모르겠다.

642 643

in the shade   그늘에서
in the sun   양지 쪽에서

- Let's walk **in the shade**. 그늘 쪽으로 걸어가자.
- You had better bathe **in the sun**. 너는 일광욕하는 것이 낫다.

NOTE a shade는 「약간, 조금」이란 뜻으로 부사나 형용사를 직접 수식하기도 한다.
He sang a shade too loud. 그는 조금은 크게 노래했다.

644 645

in tune with   곡조가 맞는, 조화가 되는
out of tune with   조화가 안되는, 사이가 나쁜

- He is **in tune with** his company.
  그는 동료들과 잘 어울린다.
- His idea is **out of tune with** the times.
  그의 생각은 시대와 맞지 않는다.

《참고》 keep in tune with 「~와 곡조를 맞추다」

646 647

keep good time   시간이 잘 맞다
keep bad time   시간이 맞지 않다

- Not all Swiss watches **keep good time**.

  스위스 시계라고 모두 시간이 잘 맞는 것은 아니다.

- This watch **keeps bad time**. 이 시계는 시간이 잘 맞지 않는다.

  NOTE 위의 예문은 전형적인 부분부정의 문장이다. 즉 Not all ~의 문장
  은 부분부정이다. 이런 형식을 완전부정으로 하려면 Not all 대신
  에 No를 쓰면 된다.

  No Swiss watches keep good time.

  스위스 시계는 모두 시간이 잘 맞지 않는다.

648 649

keep one's word	약속을 지키다
break one's word	약속을 어기다

- He always **keeps his word**. 그는 항상 약속을 지킨다.
- He sometimes **breaks his word**. 그는 때때로 약속을 어긴다.

  NOTE 우리말로는 약속을 어기는 것이지만, 영어에서는 약속을 깨는 것
  (break)이다.

650 651

let in	들이다, 들어오게 하다
let out	나오게 하다

- Open the window to **let in** fresh air.

  시원한 공기가 들어오도록 창문을 열어라.

- We opened the window and **let** the stuffy air **out**.

  우리는 창문을 열고 탁한 공기를 내보냈다.

  《참고》 let on 「고자질하다, 폭로하다」

  He knew the news but he didn't let on.

  그는 그 소식을 알고 있었으나 발설하지 않았다

652 653

lose (one's) face	체면을 잃다
save (one's) face	체면을 세우다

- He **lost face** with the world. 그는 세상 볼 면목을 잃었다.
- He **saved face** before his family.

그는 가족 앞에서 체면을 세웠다.

654 655

make at ～을 향해 나아가다, 습격하다
make away 급히 가버리다, 도망치다

- The dog **made at** me. 개가 나에게 덤벼들었다.
- The thief **made away** quickly. 도둑은 재빨리 도망쳤다.

《참고》 The dog made for the stranger.
　　　개는 낯선 사람에게 덤벼들었다.

656 657

make little / light of ～을 가볍게 여기다, 경시하다
make much of ～을 중요하게 여기다

- You can't **make little of** his influence.
  그의 영향력을 가볍게 여겨선 안된다.
- He **made much of** honor. 그는 명예를 중시했다.

658 659

of great use 대단히 유용한
of no use 쓸모 없는

|동의어| very useful (대단히 유용한), useless (쓸모없는)

- This book is **of great use** to me.
  이 책은 내게 무척 유용하다.
- It is **of no use** to complain. 불평해도 소용이 없다.
  = It is no use complaining.
  NOTE It is of no use + to 부정사 「～해도 소용없다」
  　　　= It is no use + -ing

660 661

of much account 중요한
of no account 중요하지 않은

|동의어| important (중요한) / unimportant

- This matter is **of much account**.
  이 문제는 대단히 중요하다.

- His recommendation is **of no account**.

  그의 추천장은 중요하지 않다.

662   663

of much / great value   가치 있는
of no value   가치가 없는

|동의어| valuable (가치있는)

- This record is **of great value** to those who love popular music.

  이 음반은 대중음악을 사랑하는 사람들에게 무척 귀중한 것이다.

- This book may be **of no value** to young man.

  이 책은 젊은이들에게는 가치가 없다.

NOTE 「of + 추상명사 = 형용사」임을 기억하자.

  of consequence 「중요한(=important)」

  of no avail 「쓸모 없는(=useless)」

664   665

on duty   당번인, 근무 중에
off duty   비번인, 근무 시간 외에

- They aren't allowed to smoke while they are **on duty**.

  그들은 근무 중에는 담배를 피울 수 없다.

- I happened to be **off duty** that night.

  나는 그날밤 비번이었다.

NOTE be allowed to do 「~하는 것이 허락되다」

  allow+A+to do 「A에게 ~하는 것을 허락하다」

  Allow me to introduce Mr. Smith to you.

  당신에게 스미스씨를 소개하겠습니다.

666   667

on good terms with   ~와 사이가 좋은
on bad terms with   ~와 사이가 나쁜

- My wife is **on good terms with** his.

  내 아내는 그의 부인과 사이가 좋다.

- He is **on bad terms with** his neighbors.

  그는 이웃들과 사이가 나쁘다.

  《주의》 복수형의 terms는 「관계, 사이」를 의미한다.

<table>
<tr><td colspan="2">668   669</td></tr>
<tr><td>on one's face</td><td>엎드려</td></tr>
<tr><td>on one's back</td><td>누워서</td></tr>
</table>

- He lay **on his face** in the sun.

  그는 햇빛을 쬐며 엎드려 있었다.
- He fell flat **on his back**. 그는 뒤로 털썩 넘어졌다.

  《참고》 이때 back은 「등」이란 뜻이다.

<table>
<tr><td colspan="2">670   671</td></tr>
<tr><td>on one's guard</td><td>보초를 서서, 경계하여</td></tr>
<tr><td>off one's guard</td><td>방심하여, 경계를 소홀히 하여</td></tr>
</table>

- Be **on your guard** against pickpockets.

  소매치기를 조심하시오.
- The English are seldom **off their guard**.

  영국인들은 좀처럼 방심하지 않는다.

  《주의》 The English는 집합명사로 복수 취급을 한다. 「영어」는 관사없이 English, 혹은 the English language로 쓰인다.

<table>
<tr><td colspan="2">672   673</td></tr>
<tr><td>on the one hand</td><td>한편으로</td></tr>
<tr><td>on the other hand</td><td>다른 한편으로</td></tr>
</table>

- **On the one hand**, he is quick at figures, but **on the other hand** he sometimes makes mistakes.

  한편으로 그는 계산에 빠르지만, 다른 한편으로는 가끔 실수를 한다.

<table>
<tr><td colspan="2">674   675</td></tr>
<tr><td>out of order</td><td>고장난</td></tr>
<tr><td>in order</td><td>상태가 좋은, 질서 정연한</td></tr>
</table>

- My cellphone is **out of order**. 내 휴대폰은 고장이다.
- Your watch is **in order**. 네 시계는 잘 간다.

out of sight　　　　보이지 않는 (곳에)
within / in sight　　　보이는 곳에

- The island is still **out of sight**.

  그 섬은 아직도 보이지 않는다.
- Land came **in sight**. 육지가 보였다(육지가 눈에 들어왔다).

678   679

sound good　　　　듣기에 즐겁다
sound bad　　　　듣기에 거슬린다

- The music **sounded good**. 그 음악은 듣기에 즐겁다.
- Her song **sounded bad**. 그녀의 노래는 귀에 거슬렸다.

NOTE 동사 sound는 불완전 자동사로, **good**과 **bad**는 주어의 보어로 쓰인 것이다.

680   681

speak well of　　　~을 좋게 말하다, 칭찬하다
speak ill of　　　~을 나쁘게 말하다, 험담하다

- They **speak well of** you. 그들은 당신에 대해 좋게 말한다.
- He never **speaks ill of** others.

  그는 결코 남을 나쁘게 말하지 않는다.

《주의》 이때 well / ill은 부사로 쓰인 것이다. 특히 **ill**이 부사로 쓰인 경우를 잘 기억해 둘 필요가 있다.

  (속담) **Ill** got, **ill** spent. 나쁜 짓해서 번 돈은 오래가지 못한다.

682   683

stay in　　　　집에 있다
stay out　　　　외출하다

|동의어| go out (외출하다)

- I **stayed in** all day long yesterday.

  나는 어제 하루 종일 집에 있었다.
- I will **stay out** late tonight. 나는 오늘 밤 늦게 외출할 것이다.

NOTE dwell in 「거주하다, 살다」

684 685

take ~ apart　　　　　~을 분해하다, 분리하다
put ~ together　　　　~을 모으다, 조립하다

- It is easy to **take** this machine **apart**.
  이 기계를 분해하기란 쉽다.
- It took ten minutes to **put** the blocks **together**.
  블록을 조립하는데 십분이 걸렸다.

NOTE 위 예문에서 it는 모두 비인칭 주어(가주어)로 진주어는 to 부정사이다.

686 687

take heart　　　　　마음을 고쳐먹다, 힘을 내다
lose heart　　　　　기운을 잃다, 풀이 죽다

- **Take heart.** Your friends will be with you.
  기운내라, 네 친구들이 함께 있어줄 거야.
- I want to cheer her up because she has **lost heart**.
  그녀가 풀이 죽어 있어 나는 그녀를 북돋워 주고 싶다.

688 689

taste bitter　　　　맛이 쓰다
taste sweet　　　　맛이 달다

- A good medicine **tastes bitter**. 좋은 약은 입에 쓰다.
- This cake **tastes sweet**. 이 케이크는 달콤하다.

NOTE 무엇의 맛이라고 정확히 말하고 싶을 때에는 「taste of + 명사」의 문형을 사용한다.
  This soup tastes of garlic. 이 수프는 마늘 맛이 난다.

690 691

think highly of　　　존중하다, 중시하다
think nothing of　　경시하다, 아무렇지 않게 생각하다

- She **thinks highly of** wealth. 그녀는 부를 중요시 여긴다.
- She seems to **think nothing of** telling a lie.
  그녀는 거짓말하는 것을 아무렇지도 않게 생각하는 듯하다.
- He **thought nothing of** his assistant.

그는 그의 조수를 경시했다.

《주의》 highly는 정도를 나타내는 부사로 예문이 수동태로 바뀔 경우
highly는 과거분사인 thought를 수식하게 된다.

《참고》 Wealth is highly thought of by her.

692　693

think much of	～을 중히 여기다
think little of	～을 대수롭지 않게 여기다

- His boss **thought much of** him.

  그의 사장은 그를 중히 생각했다.

- He **thinks little of** his rival.

  그는 경쟁자를 대수롭지 않게 여긴다.

694　695

to / in excess	과도하게, 지나치게
in moderation	적당하게

|동의어| excessively (과도하게), moderately (적당하게)

- He is generous **to excess**.　그는 지나치게 관대하다.

- Alcoholic drinks are not harmful when they are taken **in moderation**.　알콜 음료는 적당하게 마시면 해가 되지 않는다.

《참고》 exercise moderation in drinking 「술을 절제하다」

696　697

to one's face	～의 면전에서
behind one's back	～이 없는 곳에서

|동의어| before one's face (면전에서)

- I couldn't say it **to his face**.

  그의 얼굴을 빤히 보면서 그 말을 할 수는 없었다.

- He always speaks ill of others **behind their back**.

  그는 없는 곳에서 항상 남을 헐뜯는다.

698　699

turn off	끄다
turn on	켜다

- Please **turn off** the radio. 라디오를 꺼주세요.
- Do you mind if I **turn on** the television?
  텔레비전을 켜도 될까요?

NOTE 여기에서 전자제품의 on/off가 나왔다.

700 701

what is better	금상첨화로
what is worse	설상가상으로

- She is beautiful, and **what is better**, a good cook.
  그녀는 아름다울 뿐아니라, 게다가 훌륭한 요리사이기도 하다.
- It became dark, **what is worse** it rained heavily.
  어두워졌는데 설상가상으로 비까지 억수로 내렸다.

702 703

with difficulty	가까스로
without difficulty	쉽사리

|동의어| difficultly (가까스로), easily (쉽사리)

- She passed the examination **with difficulty**.
  그녀는 어렵게 시험을 통과했다.
- I can do such a thing **without difficulty**.
  나는 그런 일은 쉽게 할 수 있다.

704 705

within one's reach	힘이 미치는 범위 내에
above / out of one's reach	힘이 미치지 않는 곳에

- The work is **within your reach**. 그 일은 네 능력 범위 안에 있다.
  = You can do the work. 너는 그 일을 할 수 있다.
- Keep the bottle **out of the baby's reach**.
  아기의 손이 닿지 않는 곳에 그 병을 두어라.

NOTE That problem is above my reach. 저 문제는 내 능력 밖이다.

*** more than의 정확한 의미는?**

사전을 찾아보면 more than~은 「~이상」이라고 번역되어 있다. 그렇다면 I have got more than ten books.를 번역할 때에도 당연히 (나는 10권 이상의 책을 얻었다.)가 될 것이다.

그러나 more than ten books의 정확한 의미는 '11권 이상'이다. 수학적 개념에서 '이상'이란 것은 그 수를 포함하는 것이다. 즉 '10권 이상'이라고 하면 10이 포함된다.

그럼 우리말에서 '10권 이상'을 영어로 표현하려면 어떻게 해야 할까? 정확히 표현하면 ten or more books가 되어야 한다.

따라서 He is more than 30 years old.를 정확히 번역하자면 (그는 31살 이상이다.)라고 해야 한다.

'이하'와 '미만'이란 개념도 마찬가지이다. 가령 「50이하」란 50을 포함하는 개념이므로 영어로는 50 and less가 된다. 반면에 「50미만」은 50을 포함하지 않으므로 우리가 알고 있듯이 less than 50를 사용하면 된다.

Chapter 05

동사 역할을 하는 숙어

❖ The promise of doctor.

Said the patient.

"Doctor, I must say you kept your promise when you said you'd have me walking within two months. When I got your bill I had to sell my car."

❖ 의사의 약속

환자가 말했다.

"의사 선생님, 약속을 지키셨더군요. 말씀하신 대로 두 달 만에 제가 걸어 다니게 되었습니다. 진료비 청구서를 받고 차를 팔아 버릴 수밖에 없었거든요."

add to　　　　　　　　　　～을 더하다

|동의어| increase

- The novel **added to** his reputation.

  그 소설이 그의 명성을 더했다.

- This will **add to** our pleasure.

  이것이 우리를 더욱 즐겁게 할 것이다.

NOTE add A to B「A를 B에 더하다」

  I added a new coin to my collection.

  나는 새 동전을 내 수집품에 더했다.

admit of　　　　　　　　　～의 여지가 있다

- The problem **admits of** discussion.

  그 문제는 토론의 여지가 있다.

- Her conduct **admits of** no excuse.

  그녀의 행동은 변명의 여지가 없다

NOTE 이 숙어는 주로 문어체에서 쓰인다.

aim at　　　　　　　　　목표로 삼다

- All of us **aim at** success.　우리 모두가 성공을 목표로 한다.

NOTE aim A at B「A를 B를 향해 던지다」

  She aimed a dish at her husband.

  그녀는 접시를 남편을 향해 던졌다.

allude to　　　　　　　넌지시 말하다, 언급하다

- The article **alludes to** the event now forgotten.

  그 기사는 지금은 잊혀진 사건을 언급하고 있다.

appeal to　　　　　　　～에 호소하다

- Pictures **appeal to** the eyes. 그림은 눈에 호소하는 법이다.
  NOTE make an appeal to 「~에 호소하다」

711
approve of   ~에 찬성하다

- I **approve of** what you say.

  나는 네가 말하는 것에 찬성한다.

  NOTE approve of one's ~ing 「~하는 것을 승인하다」

  I don't **approve** of her coming **back** so late.

  나는 그녀가 그렇게 늦게 오는 것을 찬성하지 않는다.

712
ascribe A to B   A를 B의 탓으로 돌리다

|동의어| attribute A to B

- He **ascribed** his failure **to** bad luck.

  그는 실패를 불운으로 돌렸다.

713
attach A to B   A를 B에 붙이다

- I **attached** a label **to** the parcel.

  나는 소포에 꼬리표를 붙였다.

  《참고》 자동사로 attach to 「~에 소속하다, 달라붙다」

714
attribute A to B   A를 B의 탓으로 돌리다

- They **attributed** his success **to** good luck.

  그들은 그의 성공을 운이 좋은 탓으로 돌렸다.

  《참고》 ascribe A to B 「A를 B의 탓으로 돌리다」

715
bear fruit   결실을 보다

- I hope your study will **bear** good **fruit** some day.

  네 연구가 언젠가 좋은 결실을 보기를 바란다.

716

begin with　　　　　　　～로 시작하다

- Let's **begin with** chapter 3.　3장부터 시작합시다.

《참고》 to begin with 「우선, 첫째로」

《주의》 의미에 따라 begin from을 쓰지 않도록 주의할 것.

717

believe in　　　　　　　～의 존재를 믿다

- Do you **believe in** ghosts?　너는 유령이 있다고 믿느냐?

NOTE believe him은 「그가 하는 말이 정말이라고 믿는 것」이며,
believe in him은 「그의 인격을 믿는다」는 뜻이다.

718

belong to　　　　　　　～에 속하다, ～의 것이다

- This house **belongs to** my uncle.
  = This house is my uncle's.　이 집은 내 삼촌의 것이다.

719

betray oneself　　　　　무심코 본성을 드러내다

- Anger has made him **betray himself**.
  분노는 그가 본성을 드러내게 만들었다.

720

break A into pieces　　A를 산산조각내다

- He **broke** the bottle **into** pieces.　그는 병을 산산조각냈다.

《참고》 fall[come] to pieces 「산산조각나다」

721

bring down　　　　　　(물가 등을) 내리다

- They have **brought down** the prices of clothing.
  그들은 옷 가격을 내렸다.

《주의》 clothing은 「의복」을 총칭하는 집합명사로 단수취급하며, 항상
복수형을 갖는 clothes와 같은 개념이다.

a suit of clothes 옷 한 벌

722

bring A home to B   B에게 A를 뼈저리게 느끼게 하다

- I **brought home to** him the importance of the matter.

  나는 그 문제의 중요성을 그에게 뼈저리게 느끼게 했다.

  NOTE 이때 목적어는 the importance of the matter이다.

723

burn down   완전히 태워버리다

- The house was **burnt down**. 그 집은 완전히 타버렸다.
- The building **burnt down** to ashes.

  그 건물은 타서 재가 되어 버렸다.

724

burst upon   ～에 갑자기 나타나다

- The sea **burst upon** our view.

  바다가 우리 눈 앞에 갑자기 나타났다.

725

call forth   (용기 등을) 불러 일으키다

- The proposal **called forth** a good deal of hostile criticism.

  그 제안은 많은 적대적인 비난을 불러 일으켰다.

  《참고》 bring forth 「낳다, 일으키다」

726

care about   ～을 걱정하다

- He doesn't **care about** money. 그는 돈 걱정을 하지 않는다.

  NOTE care (about) + 의문사절 「～에 마음쓰다, 걱정하다」

  I don't care about what will happen.

  나는 무슨 일이 일어나건 신경쓰지 않는다.

727

catch up   급히 집어올리다

- Fallen leaves wave **caught up** in a sudden wind.

  낙엽들이 갑작스런 바람에 날아 올라갔다.

728

come into existence   생기다, 성립하다

- When did this rule **come into existence**?

  이 규칙은 언제 생겼습니까?

  NOTE 타동사적 의미로는 bring ~into existence 「생기게 하다」

729

come into use   사용되다

|동의어| be used

- This word **came into use** after World War II.

  이 단어는 2차 대전 후에 사용되었다.

730

come out   나오다, (결과가) ～가 되다

- When did the movie **come out**? 그 영화는 언제 나왔습니까?
- How did the movie **come out**?

  그 영화는 끝이 어떻게 되었습니까?

731

come true   실현되다

- My dream **came true**. 내 꿈이 실현되었다.

《참고》 hold true 「여전히 사실이다」

732

come upon   우연히 마주치다, (불시에) 습격하다

- I **came upon** them in Busan.

  나는 그들과 부산에서 우연히 마주쳤다.
- Suddenly a terrible storm **came upon**.

  갑자기 무서운 폭풍이 몰아쳤다.

《참고》 come upon ～ for … 「～에게 …을 요구하다」

He **came upon** her **for** a wine.
그는 그녀에게 와인 한 잔을 부탁했다

733

command a fine view 전망이 좋다

- My house **commands a fine view**. 내 집은 전망이 좋다.
《참고》 a hill commanding the sea 「바다가 내려다 보이는 언덕」

734

complain of ~을 불평하다

- Mother is always **complaining of** high prices.
  어머니는 물가가 높다고 항상 불평하신다.
|NOTE| complain to A of[about] B 「A에게 B를 불평하다」
  complain to A that ~ 「A 에게 ~하다고 불평하다」
  He **complained to** me **that** the work is too hard.
  그는 나에게 일이 너무 힘들다고 불평했다.

735

comply with (요구 등에) 응하다

|동의어| obey

- I can't **comply with** your request.
  나는 당신 요구에 응할 수 없다.

736

confound A with B A와 B를 혼동하다

|동의어| confuse A with B

- American often **confound** the Korean **with** the Chinese.
  미국인은 가끔 한국인과 중국인을 혼동한다.
|NOTE| confound, confuse 모두 명사형은 confusion이다.

737

cut a figure 두각을 나타내다, 이채를 띠다

|반의어| cut no figure (축에 끼지 못하다)

- He is **cutting a** brilliant **figure** in his class.

  그는 그의 반에서 두각을 나타내고 있다.

738

deceive oneself　　　　　잘못 생각하다, 헛된 희망을 걸다

- Don't **deceive yourself**.　네 자신을 속이지 마라.

NOTE be deceived in 「~을 잘못 보고 있다」

　　　We have **been deceived in** him. 우리는 그를 잘못 보고 있었다.

739

deliver oneself of　　　　(의견 등을) 진술하다, 말하다

- She **delivered herself of** her opinion.

  그녀는 자기 의견을 말했다.

《참고》 be delivered of 「~을 낳다, (시를) 짓다」

　　　She **was delivered of** two sons.　그녀는 아들 둘을 낳았다.

740

depend on/upon　　　　~에 의존하다, ~에 달려있다

- Don't **depend upon** others.　다른 사람들에게 의존하지 마라.
- Her success will **depend on** her efforts.

  그녀의 성공은 그녀의 노력 여하에 달려있다.

NOTE resort to 「~에 자주 가다, ~에 의존하다」

741

derive A from B　　　　B로부터 A를 끌어내다

- He **derives** much pleasure **from** reading.

  그는 독서에서 많은 기쁨을 얻는다.

《참고》 자동사로 쓰인 경우,

　　　Our victory **derived from** our hard training.

　　　우리의 승리는 고된 훈련의 산물이다.

742

differ from　　　　~와 다르다

- He differs from his brother. 그는 형과는 다르다.

《주의》 differ는 자동사이므로 differ oneself from이라는 형태로는 쓰일 수 없다.

743

dispense with   ~없이 견디다, 필요 없게 하다

|동의어| do without

- I can **dispense with** your advice.

  = Your advice is dispensable to me.

  나는 네 조언 없이도 살아갈 수 있다.

744

dispose of   ~을 처분하다

|동의어| get rid of

- We must dispose of waste. 우리는 쓰레기를 처분해야만 한다.

《참고》 be disposed to + 동사 「~ 하고 싶다」

  I am disposed to agree with him.

  나는 그의 생각에 동의하고 싶다.

745

do ~ a favour   ~은혜를 배풀다, ~의 부탁을 들어주다

- Will you **do** me **a favour**? 제 부탁을 들어주겠습니까?

《참고》 look with favor on 「~에게 호의를 보이다」

746

do justice to + 사람/사물   올바르게 평가하다

- I'd like to **do justice to** both sides.

  나는 양쪽을 공평하게 다루고 싶다.

- The portrait doesn't **do justice to him**.

  그 초상화는 그의 실물과 같지 않다.

(NOTE) 「to + 사람」이 간접목적어로 변하여 3형식 문장이 될 수 있다. 따라서 The portrait doesn't do justice to him.으로 바꾸어 쓸 수 있다.

747
do one's best 최선을 다하다

- They **did their best** to help me.
  그들은 나를 돕기 위해 최선을 다했다.

748
do the sights of 구경하다, 관광하다

- I didn't have time to **do the sights of** Naples.
  나는 나폴리를 관광할 시간이 없었다.

《주의》 sights가 복수형인에 주의할 것.

749
dream of ~을 꿈꾸다

- I never **dreamed of** seeing you here.
  나는 너를 여기에서 볼줄은 꿈에도 몰랐다.
- He wouldn't **dream of** telling her a lie.
  그는 그녀에게 거짓말할 생각은 꿈도 꾸지 않았다.

《참고》 I dreamed (that) I could pass the exam.
  나는 내가 시험에 합격할 수 있다고 꿈꾸었다.

750
dress up 정장하다

- She **dressed up** for her birthday party.
  그녀는 생일파티에 참석하기 위해 옷을 차려 입었다.

《참고》 be dressed up 「옷을 잘 차려 입다」

751
earn one's living 밥벌이하다, 생계를 꾸리다

- She **earns her living** by teaching English.
  그녀는 영어를 가르치는 것으로 생계를 유지한다.
- He **earns a living** as a clerk.
  그는 회사원으로 생계를 꾸려간다.

752

entitle ~ to + 동사원형/명사   ~에게 …할 자격을 주다

- We **entitled** him **to do** it.

  우리는 그에게 그것을 할 자격을 주었다.
- He is **entitled to** the prize.

  그는 그 상을 받을 자격이 있다.

753

exchange A for B   A를 B와 교환하다

- I **exchanged** five apples **for** three oranges.

  나는 사과 다섯 개를 오렌지 세 개와 바꾸었다.

  (NOTE) 위에서 B가 사람인 경우에는 with을 쓴다.

  She **exchanges** smiles **with** him.

  그녀는 그와 미소를 나누었다.

  exchange는 주로 「교환한다」는 뜻이며, change는 「바꾼다」는 뜻이다.

754

fall a victim to   ~의 희생물이 되다

|동의어| become[be made] the victim of

- She **fell a victim to** her mother's ambition.

  그녀는 어머니 야망의 희생양이 되었다.

755

fall back upon / on   ~에 의지하다

- I can **fall back on** the money I have saved.

  나는 저축해놓은 돈에 의지할 수 있다.

756

fall in love with   ~와 사랑에 빠지다

- He **fell** deeply **in love with** her.

  그는 그녀와 깊은 사랑에 빠졌다.

  《참고》 fall to + 명사/동명사 「~을 시작하다」

  I **fell to** eating. 나는 먹기 시작했다.

757

feel like + 동명사　　　　　～하고 싶다

- I **feel like** taking a walk with you. 나는 당신과 산책을 하고 싶다..

《주의》 feel like 다음에는 명사나 동명사가 온다.

　　　I feel like a cup of water. 물 한 컵을 마시고 싶다.

758

flatter oneself that ~　　　　은근히 ～라고 생각하다,
　　　　　　　　　　　　　　　　우쭐하다

- He **flattered himself that** he was genius.

　　　그는 자신이 천재라고 은근히 믿고 있었다.

(NOTE) flatter oneself on being clever「머리가 좋다고 우쭐하다」

　　　= flatter oneself on one's cleverness

759

furnish A with B　　　　　A에게 B를 공급하다

|동의어| supply A with B = provide A with B

- They **furnished** us **with** food.

　　　그들은 우리에게 음식을 제공했다.

760

get along with　　　　　～와 사이좋게 지내다
　　　　　　　　　　　　　　(일 등이) 되어가다, 진척되다

- He seems to **get along with** all his friends.

　　　그는 모든 친구들과 사이좋게 지내는 것 같다.

- How are you **getting along with** your work?

　　　네 일은 어떻게 되어가고 있느냐?

《참고》 get along「지내다, 해나가다(=manage)」

　　　How are you getting along? 어떻게 돼가고 있습니까?

761

get on with　　　　　～을 진척시키다
　　　　　　　　　　　　사이좋게 지내다

- How is he **getting on with** his work?

  그는 일을 어떻게 진척시키고 있느냐?

- He **got on with** anybody.

  그는 누구와도 잘 지냈다.

762

get out of   ~에서 나가다

- I saw a stranger **get out of** my room.

  낯선 사람이 내 방에서 나오는 것을 보았다.

《참고》 get out of the car = get off the car 「차에서 내리다」

763

give / cause offence to   ~을 성나게 만들다

- His conduct **gave offence to** me.

  그의 행동은 나를 화나게 만들었다.

《참고》 commit an offence against 「~을 위반하다」

764

give place to   ~에게 자리를 양보하다

- The old should **give place to** the new.

  기성세대는 신세대에게 자리를 물려주어야만 한다.

NOTE the + 형용사 : 「~인 사람들」

765

go astray   길을 잃다, 헤매다

- Please be careful not to **go astray**.

  길을 헤매지 않도록 조심하십시오.

《참고》 lead one astray 「~을 잘못된 길로 인도하다」

766

go mad   미치다

- He is said to have **gone mad**.   그는 미쳤다는 소리를 듣는다.

《참고》 be mad with joy 「몹시 기뻐하다」

go short of ~없이 해나가다

- We had to **go short of** rich funds.

  우리는 풍부한 자금없이 해나가야만 했다.

《참고》 come short of 「~에 미치지 못하다」

go through ~을 경험하다, 통과하다

- He has **gone through** many difficulties.

  그는 낳은 어려움을 이겨냈다.

NOTE go through with는 「~을 끝까지 해내다 (=complete)」라는 뜻이
된다.

  He is determined to go through with the undertaking.

  그는 맡은 일을 끝까지 해내기로 마음먹었다.

graduate from 졸업하다

- I **graduate from** Havard. 나는 하버드를 졸업했다.

《참고》 graduate in + 학과 「~을 졸업하다」

  He graduated in law. 그는 법학과를 졸업했다.

grow into ~으로 발전하다, 익숙해지다

- Friendship often **grows into** love.

  종종 우정은 사랑으로 발전한다.

- Have you **grown into** the new job? 새 일에 익숙해졌느냐?

grow up 성장하다

- She **grew up** to be a lovely woman.

  그녀는 사랑스런 여자로 성장했다.

NOTE grown-up 「(형) 성장한, (명) 성인」

772
hand A down to B   A를 B에게 물려주다

|동의어| pass on A to B

- The sword was **handed down** from father **to** son.

  그 칼은 아버지에게서 아들에게로 전해졌다.

773
have a look at   ~을 (얼핏) 보다

- I **had a look at** the paper before breakfast.

  나는 아침 먹기 전에 신문을 한 번 훑어보았다.

  NOTE have a look of는 「~와 닮다 (=resemble)」라는 뜻이다.

  She has a look of her mother. 그녀는 어머니를 닮았다.

774
have a mind to   ~할 마음이 생기다

- He **has a mind to** learn French. 그는 불어를 배울 생각이다.

《주의》 have a mind to + 동사원형

775
have influence on   ~에 영향을 미치다

- He **had** great **influence on** his students.

  = He greatly influenced his students.

  그는 학생들에게 많은 영향을 미쳤다.

776
have ~ to oneself   ~을 독점하다

- My son wants to **have** this room **to himself**.

  내 아들은 이 방을 독점하고 싶어한다.

777
hear say of   ~에 대한 소문을 듣다

- I have **heard say of** his marriage.

  나는 그의 결혼을 소문으로 들었다.

《주의》 hear가 지각동사이므로 원형부정사가 온다.

778
help oneself to　　～을 마음껏 먹다

- Please **help yourself to** more cheese.
  치즈들을 마음껏 드십시오.

《참고》 help A (to) do 「A가 ～하는 것을 돕다」
　　　　She helped her mother (to) wash dishes.
　　　　그녀는 어머니가 설거지하는 것을 도왔다.

779
hit the mark　　적중하다, 핵심을 찌르다

- You **hit the mark** when you said he would come.
  그가 올 것이라고 했던 네 말이 적중했다.

NOTE hit the nail on the head 「바로 알아맞히다」

780
identify A with B　　A와 B를 동일시하다

- You **identify** yourself **with** one of the characters.
  너는 등장인물 중의 하나와 너 자신을 동일시하고 있다.

《참고》 identify A as B 「A를 B로 인지하다, 판정하다」
　　　　The policeman identified the man as a thief.
　　　　경찰은 그 남자를 도둑으로 판단했다.

781
impose A upon / on B　　A를 B에 강요하다 / 부과하다

- Duties were **imposed on** foreign wines.
  외제 포도주에 세금이 부과되었다.
- You shouldn't **impose** your opinion on others.
  네 의견을 남에게 강요하지 마라.

NOTE impose on 「～을 기회로 삼다」
　　　　He has imposed on your good nature.
　　　　그는 너의 좋은 성격을 이용했다.

782

inform A of B   A에게 B를 알리다

- I **informed** him **of** the date of my arrival.

  나는 그에게 내 도착 날짜를 알렸다.

  《참고》inform A with B「A에게 B를 불어넣다」

    He informed me with new life.

    그는 나에게 새 생명을 불어 넣었다.

783

insist on   ~을 주장하다

- I **insisted on** his going with me.

  나는 그가 나와 함께 가기를 고집했다.

  = I insisted that he (should) go with me.

784

intend A for B   A를 B로 할 작정이다

- We **intend** our son **for** a physician.

  우리는 아들을 의사로 만들 작정이다.
- This gift is **intended for** you. 이 선물은 너에게 줄 것이다.

  《주의》for B를 대신해서 to 부정사가 쓰일 수 있다

    This building was intended to be a library.

    이 건물은 도서관으로 사용될 예정이었다.

785

keep abreast of   ~와 병행하다, 뒤지지 않고 따라가다

|동의어| keep pace with

- Jennifer is always making efforts to **keep abreast of** the times. 제니퍼는 시대에 뒤지지 않으려고 항상 노력한다.

786

keep ~ at a distance   ~을 멀리하다

- He **keeps** his neighbors **at a distance**.

  = He keeps his distance from his neighbors.

그는 이웃사람들과 거리를 두고 지낸다.

787

keep back　　　　　숨겨두다

- I won't **keep** anything **back** from you.

  나는 네게 아무 것도 숨기지 않을 것이다.

788

keep early hours　　　일찍 자고 일찍 일어나다

- Generally speaking, old men **keep early hours**.

  일반저으로 말해서, 노인은 일찍 자고 일찍 일어난다.

789

keep out　　　　안에 들이지 않다, 밖에 내놓다

- Fine weather **kept** me **out** all afternoon.

  날씨가 좋아서 오후내내 밖에 있었다.

  (NOTE) 일반적으로 무생물 명사가 주어로 쓰일 때, 그 주어는 부사적으로 해석하는 것이 우리말과 어울린다.

790

keep pace with　　　　～와 보조를 맞추다

- I can't **keep pace with** your plan.

  나는 네 계획에 보조를 맞출 수 없다.

  《참고》 at a foot's pace 「보통 걸음으로」

791

know better than　　　～할 만큼 어리석지 않다

- I **know better than** to believe that.

  나는 그것을 믿을 만큼 어리석지 않다.

  (NOTE) 뒤에는 보통 to 부정사가 사용된다.

792

lay ~ to heart　　　～을 가슴에 새기다, 명심하다

- I **laid** his advice **to heart**.　나는 그의 충고를 깊이 새겼다.

learn / know ~ by heart　　～을 암기하다, 외우다

|동의어| memorize

- I am trying to **learn** the poem **by heart**.
  나는 그 시를 암송하려 애쓰고 있다.

leave (사람) to oneself　　(사람을) 멋대로 내버려 두다

- He **left** his daughter **to herself**.
  그는 딸이 하고 싶은대로 내버려 두었다.
- Children were **left** very much **to themselves** during the holidays.　아이들은 휴가 동안 실컷 놀았다.

《주의》 이때 oneself는 목적어의 인칭 · 수에 따라 형태가 변한다.

let up　　(비, 바람 등이) 그치다, 늦추다

- The rain did not **let up** even after midnight.
  비는 자정이 지난 후에도 그치지 않았다.

lie in　　～에 있다

|동의어| consist in

- The trouble **lies in** the engine.　고장은 엔진에 있다.

《참고》 lie on 「～의 책임이다」
　　　　It lies on them to prove. 증명하는 것은 그들 책임이다.

listen to　　～에 귀를 기울이다

- **Listen to** what I'm going to say.
  내가 말하려는 것에 귀를 기울여라.

《주의》 hear는 의도가 없이 듣는 것을 말하고, listen to는 분명히 듣겠
　　　　다는 의지가 담겨있다.

live on   ~으로 생활하다, ~을 먹고 살다

- He **lives on** only 500 dollars a month.

  그는 한 달에 겨우 500 달러로 생활한다.
- We **live on** rice.   우리는 쌀을 주식으로 한다.

《주의》 on의 반대어인 off가 쓰인 live off도 「~에 의존해 생활하다」는

       뜻으로 동의어가 된다.

long for   ~을 열망하다

- He **longs for** fame.   그는 명예를 갈구한다.
- I'm **longing for** holidays.   나는 휴가를 목빠지게 기다린다.

《참고》 I longed for him to say something.

       나는 그가 무언가 말해주기를 바랐다.

       I long to go home. 나는 정말 집에 가고 싶다.

look back upon / on   회고하다

|동의어| recall

- We **look back upon** the good old days.

  우리는 좋았던 옛 시절을 회고한다.

look through   충분히 조사하다, 검토하다

- **Look through** your paper before you hand in.

  답안을 제출하기 전에 충분히 검토해라.

lose no time in + 동명사   즉시 ~하다

- He **lost no time in beginning** work.

  = He began work at once.   그는 지체없이 일을 시작했다.

《주의》 동명사가 쓰이는데 유의할 것.

803

make a fortune   재산을 모으다

- He **made a fortune** out of microcomputer.

  그는 마이크로 컴퓨터로 돈을 모았다.

  NOTE 이때 fortune은 셀 수 있는 명사로 「재산」이란 뜻이다.

  a man of fortune 「재산가」

804

make a point of + 동명사   ~하는 것을 규칙으로 삼다

- I **make a point of getting** up at seven.

  나는 7시에 일어나는 것을 규칙으로 삼는다.

  《주의》 동명사가 쓰이는 것에 주의할 것.

805

make an excuse for   ~에 대해 변명하다

- He **made an excuse for** being late.

  그는 늦은데에 대해 변명했다.

  《주의》 전치사 for 다음이므로 명사 또는 동명사가 온다.

806

make both ends meet   수지를 맞추다

- He was not able to **make both ends meet** on his small salary.

  그는 적은 월급으로는 수지를 맞출 수 없었다.

  《주의》 make를 사역동사로 해석하여 「양쪽 끝을 만나게 하다」로 생각
  하면 쉽게 외울 수 있다.

807   808

make certain   확인하다
make sure

- You had batter **make sure** by consulting your dictionary.

  사전을 참고해서 확인해 두는 것이 낫다.

  《주의》 make certain[sure] of 「~을 확인하다」

  《참고》 be certain[sure] of 「~을 확신하다」

I **am** not so **sure of** his honesty.

나는 그의 정직함을 그다지 확신하지는 않는다.

809

make money 돈을 벌다

- He is very good at **making money**.

  그는 돈을 버는데 매우 능숙하다.

《주의》 money는 셀 수 없는 명사이므로 부정관사 a가 붙지 않는다.

810

make oneself understood 자신을 이해시키다

- Can you **make yourself understood** in English?

  너는 영어로 네 자신을 이해시킬 수 있니[의사소통을 할 수 있니]?

811

make room for ~을 위해 자리를 양보하다

- Would you please **make room for** this old lady?

  이 할머니를 위해 자리를 양보하시겠습니까?

《참고》 leave room for 「~을 위한 여지를 남겨놓다」

812

make sense 뜻을 이해하다, 뜻이 통하다

- His explanation doesn't **make sense**.

  그의 설명은 무슨 뜻인지 알 수가 없다.

《참고》 make sense of 「~의 의미를 이해하다」

813 814

make the most of ~을 충분히 이용하다
make the best of

- **Make the most of** your opportunities.

  네 기회를 충분히 이용해라.

815

make time to + 동사원형 시간을 내어 ~하다

- Can you **make time to** attend the meeting?

  모임에 참석할 시간을 낼 수 있겠느냐?

《참고》 I have not much time for sleeping.

  나는 잠잘 시간이 별로 없다.

  There is no time to **waste**. 낭비할 시간이 없다.

816

mix up   혼동하다

- She often **mixes up** fancies with realities.

  그녀는 가끔 공상과 현실을 혼동한다.

《참고》 mix A with B 「A와 B를 섞다」

  She mixed flour with sugar. 그녀는 밀가루와 설탕을 섞었다.

817

oppose oneself to   ~에 반대하다

- We **opposed ourselves** strongly **to** the Parliament passing the bill.

  우리는 국회에서 그 법이 통과되는 것을 강력히 반대했다.

《주의》 oppose oneself to 다음에는 명사나 동명사가 쓰인다.

《참고》 oppose + 사람 + 동명사 「사람이 ~하는 것을 반대하다」

  His parents didn't oppose him going abroad.

  그의 부모는 그가 외국에 가는 것을 반대하지 않았다.

818

order A from B   A를 B에게 주문하다

- I **ordered** roses **from** the flower shop.

  나는 꽃가게에서 장미를 주문했다.

819

owe A to B   A는 B덕분이다

                            A를 B에게 빚지다

- I **owe** my success **to** his help. 내 성공은 그의 도움 덕택이다.

《주의》 위의 A가 금전으로 표현될 때에는 4형식 문장이 가능하다.

I **owe** 10 dollars **to** you. = I **owe** you 10 dollars.

나는 너에게 10달러를 빚지고 있다.

820

pay attention to ～에 주목하다

|동의어| heed

• He never **pays attention to** what I say.

그는 결코 내가 하는 말에 주의를 기울이지 않는다.

NOTE pay no attention to 「～에 관심이 없다」

821　822

play a part ～역할을 하다
act a part

|동의어| play a role

• She **played an** important **part** at the meeting.

그녀는 모임에서 중요한 역할을 했다.

823

play a trick on ～에게 장난치다, ～을 속이다

• He **played a** silly **trick on** me.

그는 나에게 어리석은 장난을 쳤다.

824

point out ～을 지적하다

• I **pointed out** a mistake in the composition.

나는 그 문장에서 실수 하나를 지적했다.

825

point to ～을 가리키다

• The hand of the clock **points to** 5.　시계 바늘이 5시를 가리킨다.

《참고》 point at·도 같은 의미로 사용될 수 있다.

It is rude to point at a person.

사람을 손가락으로 가리키는 것은 무례한 짓이다.

826

prefer A to B   B보다 A를 더 좋아하다

- I **prefer** pears **to** apples.

  = I like pears better than apples.

  나는 사과보다 배를 더 좋아한다.

827

prepare oneself for   ~을 준비하다

- He **prepares himself for** the examination.

  그는 시험준비를 하고 있다.

《참고》 자동사로 쓰여 prepare for[against] 「~을 대비하다」

  You must prepare for the worst.

  너는 최악의 경우를 대비해야만 한다.

828

present oneself   참석하다, 출석하다

- He **presented himself** at the party.

  그는 파티에 참석했다.

《참고》 재귀적 용법으로 「모습을 보이다, 나타나다」는 뜻을 만든 것이다.

  If any difficulty presents itself, come to me.

  어떤 어려움이 생기거든 내게 오시오.

829

present A with B   A에게 B를 선물하다

- We **presented** him **with** a watch.

  = We presented a watch to him.

  우리는 그에게 시계를 선물했다.

《참고》 present A to B 「A를 B에게 소개하다」

  May I present my sister to you?

  당신에게 내 누이를 소개해도 될까요?

830

prevail upon / on   설득하다

- I tried, but could not **prevail on** him.

  노력했지만 그를 설득할 수 없었다.

  《참고》prevail on (사람) to do 「사람에게 ~하도록 설득하다」

  I prevailed on her to accept the invitation.

  나는 그녀가 초대에 응하도록 설득했다.

831

protect A from / against B　　A를 B로부터 보호하다

- She is wearing sun glasses to **protect** her eyes **from** the sun.

  그녀는 햇빛에서 눈을 보호하기 위해 선글라스를 끼고 있다.

  《참고》defend A from[against] B 「A를 B로부터 지키다」

832

provide against　　~에 대비하다

|동의어| prepare against

- We must always **provide against** accidents.

  우리는 항상 사고에 대비하고 있어야만 한다.

  《주의》전치사 for를 사용해도 된다.

833

reduce A to B　　A를 B로 줄이다, A를 B로 바꾸다

- We have **reduced** our expenditure almost **to** nothing.

  우리는 경비를 거의 제로 상태로 줄였다.

  《주의》to 이후에는 명사나 동명사가 온다.

  I reduced his speech to writing.

  나는 그의 연설을 원고로 옮겼다.

834

remind A of B　　A에게 B를 생각나게 하다

- The picture **reminded** her **of** her younger days.

  그 그림은 그녀에게 젊은 시절을 생각나게 만들었다.

  《참고》bring ~ to mind 「~을 생각나게 만들다」

835

rest upon / on　　　～을 믿다

- I can not **rest on** your promise. 나는 네 약속을 믿을 수 없다.

《참고》 rest with 「(선택, 결정이) ~ 에 달렸다」

　　　　It rests with you to decide.

　　　　= It lies on you to decide. 결정은 너에게 달렸다.

836

rise to one's feet　　　일어서다

- He **rose to his feet** to shake hands with me.

　그는 나와 악수하려고 일어섰다.

837

run the risk of　　　～한 위험을 무릅쓰다

- He **ran the risk of** losing his life.

　그는 목숨을 잃을 위험을 무릅썼다.

《참고》 at all risks 「어떤 위험을 무릅쓰고라도」

838

say A to oneself　　　A를 혼자 속으로 말하다

- I **said to myself**, "He doesn't like me."

　나는 속으로 그가 나를 좋아하지 않는다고 혼자 말을 했다.

《참고》 be said to do 「～한다고 하다」

　　　　He is said to be the best student in the class.

　　　　= It is said that he is the best student in the class.

　　　　그는 자기 반에서 가장 우수한 학생이라고 한다.

839

seek for　　　～을 찾다

|동의어| search for

- He is **seeking for** employment. 그는 지금 직장을 찾고 있다.

NOTE 「～을 찾는다」는 개념에서는 search보다는 seek가 일반적으로 쓰인다.

see to　　　　　　　　　　　～에 주의하다, ～을 처리하다

|동의어| deal with

- I'll **see to** my health.　나는 건강에 주의할 것이다.
- Leave it to me. I'll **see to** it.　내게 맡겨라, 내가 그것을 처리하겠다.

send for　　　　　　　　　　～을 부르러 사람을 보내다

- We **sent for** a doctor at once.

  우리는 즉시 의사를 부르러 사람을 보냈다.

《참고》 타동사이면 send A for B 「B를 가지러 A를 보내다」

　　　I sent the porter for my baggage.

　　　나는 짐을 찾으러 짐꾼을 보냈다.

send out　　　　　　　　　　방출하다, 내보내다

- The sun **sends out** lights and heat.

  태양은 빛과 열을 방출한다.

《참고》 send for 「～을 부르러 보내다, ～을 가지러 보내다」

　　　I sent for a doctor 나는 의사를 부르러 보냈다.

　　　He sent for an umbrella. 그는 우산을 가지러 보냈다.

set off　　　　　　　　　　출발하다

|동의어| start

- He **set off** for Italy yesterday.

  그는 어제 이탈리아를 향해 출발했다.

NOTE set out (for) 「～을 향해 출발하다」

settle down　　　　　　　　정착하다

- He **settled down** in his home town.　그는 고향마을에 정착했다.

《참고》 settle in 「~에 거처를 정하다」

The artist settled in Hawaii.

그 화가는 하와이에 거처를 정했다.

845

shake hands with ~와 악수를 나누다

- I **shook hands with** everyone at the meeting.

  나는 그 모임에서 모든 사람들과 악수를 나누었다.

《주의》 이때 hands가 복수임에 주의 할 것. 왜냐하면 악수는 두 사람이
나누는 것이므로 두 개의 손이 필요하다.

846

shut out 내쫓다

- We **shut** him **out** of the room. 우리는 그를 방에서 내쫓았다.

847

stay away from ~에 결석하다, 가까이 가지 않다

|동의어| be absent from

- I **stayed away from** work yesterday.

  나는 어제 직장에 결근했다.

- **Stay away from** the fire. 불에서 멀리 떨어져라.

848

strike on / upon (생각, 계획이) 떠오르다

- I have just **struck upon** a good idea.

  방금 좋은 생각이 떠올랐다.

[NOTE] It strikes me that ~ 「내 생각은 ~이다」

  strike A as B 「A 에게 (문장의 주어가) B라는 생각이 들다」

  That struck me as a good luck.

  내게 그것은 행운이라는 생각이 들었다.

849

substitute A for B B 대신 A를 쓰다

|동의어| replace B with A

- We **substitute** margarine **for** butter.

  우리는 버터 대신에 마가린을 사용한다.

  [NOTE] replace A by B 「A를 B로 바꾸다」

  They replaced the old horse by [with] a new one.

  그들은 늙은 말을 버리고 새 말을 구했다.

  Will you replace her as nurse?

  그녀를 대신해 간호사가 되겠느냐?

850

suffer from   ~으로 고생하다

- He is **suffering from** a bad cold.   그는 독감으로 고생하고 있다.
- We are **suffering from** air pollution.

  우리는 공기오염으로 고생을 하고 있다.

851

supply A with B   A에게 B를 공급하다

|동의어| supply B to A

- We **supplied** them **with** money and clothes.

  우리는 그들에게 돈과 옷을 주었다.

  [NOTE] provide A with B = furnish A with B = supply A with B =
  equip A with B 「A에게 B를 제공하다」

852

suspect A of B   A를 B한 것으로 의심하다

- They **suspected** the man **of** the murder.

  = They suspected the man to be a murderer.

  = They suspected the man as the murderer.

  그들은 그 사람이 살인한 것으로 의심했다.

853

take (an) interest in   ~에 관심을 가지다

- He **took interest in** politics. 그는 정치에 관심을 가졌다.

  = He was interested in politics.

《참고》 I'm interested to go to Europe. 나는 유럽에 가고 싶다.

854

take back 　　　　　도로 찾다, 취소하다

- You had better **take** your money **back** from him soon.

  곧 그에게서 돈을 돌려받는 것이 더 낫다.

- He **took back** his words. 그는 했던 말을 취소했다.

855

take effect 　　　　　효과가 있다

- When will this rule **take effect**? 이 법은 언제부터 시행되느냐?

- The medicine soon **took effect**. 그 약은 곧 효과를 보였다.

856

take it for granted that ~ 　　　~을 당연한 것으로 여기다

- I **take it for granted that** man is mortal.

  난 인간이 죽는다는 것을 당연한 것으로 여긴다.

  NOTE 여기에서 it는 가목적어, that이하의 절이 동사 take의 진정한 목적어인 것으로 이해해야 한다.

857

take notice of 　　　　　~에 주의하다

|반의어| pay no attention to = ignore (무시하다)

- He **took** no **notice of** my warning.

  그는 내 경고를 무시했다.

858

take offence at 　　　　　~에 화를 내다

- He may **take offence at** what you say.

  = He may be offence at what you say.

네가 말하는 것에 그가 화를 낼지 모른다.

NOTE be offended with ~ for[at] … 「~에게 …에 대해 화를 내다」

859

take over　　　　　　　　　　~을 떠맡다, 인수하다

|동의어| overtake

• I **took over** the business when be retired.

그가 퇴직하자 내가 그 일을 떠맡았다.

860

take the initiative　　　　　미리 선수를 치다

• He always **takes the initiative** in adoping new methods.

그는 새로운 방법을 채택하는데 있어 언제나 선수를 친다.

《참고》 have the initiative 「주도권을 가지다」

861

talk over　　　　　　　　　　~에 대해 이야기하다

• I have something to **talk over** with you.

나는 너와 상의할 것이 있다.

《참고》 talk of + ~ing 「~할 생각이라고 말하다」

　　　　He talks of going abroad. 그는 외국에 갈 생각이라고 말한다.

862

tide over　　　　　　　　　　극복하다

• He sold his house to **tide over** the financial difficulty.

그는 재정적 어려움을 이겨내기 위해 집을 팔았다.

NOTE tide A over ~ 「A가 ~을 이겨내게 하다」

　　　　Will the money tide you over this crisis?

　　　　이 돈이면 이번 위기를 헤쳐나갈 수 있겠느냐?

863

trifle with　　　　　　　　　소홀이 다루다, 우습게 보다

• He is not a man you can **trifle with**.

그는 네가 우습게 볼 수 있는 사람이 아니다.

864

try on 입어보다, 신어보다

- **Try** these new shoes **on**. I am sure they will fit you.

  새 신발을 신어보거라. 너에게 꼭 맞을 거야.

《주의》 try + to do「~하도록 노력하다」

　　　　 try + ~ing「~해보다」

　　　　 I tried to do my best. 나는 최선을 다하려고 애썼다.

　　　　 I tried doing by best. 나는 최선을 다했다.

865

wash well 세탁이 잘 되다

- Cotton shirts **wash well**. 면 셔츠는 세탁이 잘 된다.

866

worry about / over ~에 대해 걱정하다

- Don't **worry about** trifles. 사소한 일에 걱정하지 마라.

《참고》 be worried over[about]「~에 대해 걱정하다」

　　　　 She is worried about her son. 그녀는 아들 때문에 걱정했다.

　　　　 I was worried that she'd be late.

　　　　 나는 그녀가 늦을까 걱정했다.

867

write to ~에게 편지를 쓰다

- I will **write to** you as soon as I get there.

  그곳에 도착하는 즉시 너에게 편지를 하겠다.

《주의》 이때 전치사 to가 없어도 동사가 타동사로 기능하여 같은 의미를
　　　　 나타낼 수 있다.

✱ before와 ago

우리말로 모두 「~전」이라고 앞선 시간을 나타내는 before와 ago 가 의미상으로는 동의어지만, 문장 내에서도 자유롭게 바꾸어 사용 될 수 있는 시간 부사들일까?

결론부터 말하면 그렇지 않다. 예를 들어 '나는 2주일 전에 네 친구를 만났다.'를 영어로 할 때, 「~전에」는 완전한 과거형 문장이므로 ago를 써야 한다.

I saw your friend before two weeks. (×)
I saw your friends two weeks ago. (○)

우선 ago는 half an hour ago 「30분 전」, three days ago 「사흘 전」 등과 같이 말하는 시점, 즉 현재를 기준으로 하여 이미 지나간 과거를 가리키는 표현이다. 따라서 ago는 현재완료와는 함께 쓰일 수 없고 오로지 과거시제와 함께 쓰인다.

반면에 before는 가까운 과거에서 먼 과거를 향하여 거꾸로 생각 하는 경우에 사용하므로 완료시제에서 쓸 수 있다.

우리가 직접화법에서 주어진 ago를 간접화법에서는 before로 바 꾸는 이유도 바로 이런 차이 때문이다. 그럼 before가 올바로 사용 된 예를 들어보자.

Napoleon died in 1821; He had lost the battle of Waterloo six years before. (나폴레옹은 1821년에 죽었는데, 그보다 6년 전에 워 털루 전쟁에서 패했었다.)

위 예문에서 보듯이 ago가 시간을 나타내는 명사 뒤에 쓰이듯이, before도 시간을 표현할 경우에는 시간을 나타내는 명사 뒤에 쓰인다.

>>> Chapter 06
출제순위영숙어 ● 수능독해직결숙어(II)
형용사를 중심으로 하는 숙어

❖ **A gag writer.**

A draftee stood before an army recruiter.

Recruiter : What do you do for a living?

Draftee : I'm a gag writer for TV.

Recruiter : Let's see you invent a gag.

Draftee : (Looking down at the long line of other draftees) OK, guys, you
may go home. The job's taken!

❖ **개그 작가**

입영 영장을 받은 장정이 육군 모병관 앞에 섰다.

모병관 : 직업이 무엇입니까?

징집자 : TV 개그 작가입니다.

모병관 : 개그 하나 지어 보십시오.

징집자 : (길게 열을 지어 늘어서 있는 다른 징집자들을 보고) 애들아, 너희들은 모
두 집으로 가! 취직 자리는 내가 차지했으니까!

(be) absorbed in ～에 열중하다

- He **is absorbed in** reading. 그는 독서에 열중하고 있다.

《주의》 예문은 수동구문으로 보아도 상관없다.

(be) accessible to ～에 접근하기 쉽다

- He **is** not **accessible to** strangers.

  나는 낯선 사람들을 좀처럼 만나지 않는다.

NOTE be easy of access 「가까이 하기 쉽다」

(be) accustomed to ～에 익숙해지다

- I **am accustomed to** the climate here.

  나는 이곳 기후에 익숙해져 있다.

《주의》 to 다음에는 명사, 부정사, 동명사가 자유롭게 올 수 있다.

  He **is accustomed to** living[live] alone.

  그는 혼자 사는데 익숙하다.

  be accustomed to는 accustom oneself to의 수동태이다.

(be) acquainted with ～와 알고 있다

- I **am acquainted with** the author.

  나는 그 작가를 알고 있다.

- **Are** you **acquainted with** literature?

  너는 문학에 대해 잘 아느냐?

(be) afraid of ～을 두려워하다

- He **is afraid of** his father. 그는 아버지를 두려워한다.

《참고》 I am afraid that it will rain tomorrow.

  나는 내일 비가 올까 걱정이다.

873

(be) akin to　　　　　～와 유사하다, ～에 가깝다

- Pity **is akin to** love.　연민은 사랑과 비슷한 것이다.
- He **is** closely **akin to** her.　그는 그녀와 가까운 친척이다.

874

(be) alive to　　　　　～을 잘 알다, 빈틈 없다

- He **is alive to** dangers of the situation.
  그는 사태의 위급함을 충분히 알고 있다.

875

(be) ambitious of　　　～을 열망하다

- He **is ambitious of** success.　그는 성공을 갈구한다.

《참고》 be ambitious to + 동사 「～하기를 열망하다」

876

(be) anxious to + 동사원형　　　～을 열망하다

- He **is anxious to** study at Yale.
  그는 예일대에서 공부하기를 열망한다.

《주의》 명사가 나올 경우엔 be anxious for 가 쓰인다.
  　　He is anxious for fame. 그는 명성을 얻고 싶어한다.
  　　We are anxious that you will succed.
  　　네가 성공하기를 간절히 바란다.

877

(be) appreciative of　　～을 감사하게 여기다

- I **am** deeply **appreciative of** your kindness.
  = I appreciate deeply your kindness.
  당신의 친절에 깊은 감사를 드립니다.

878

(be) ashamed of　　　～을 부끄러워하다

- He **is ashamed of** his folly.

그는 바보같은 짓을 한 것에 대하여 부끄럽게 여긴다.

- I **am ashamed of** seeing you. = I am ashamed to see you.

너를 만나기가 부끄럽다.

NOTE be ashamed of oneself for 「~ 때문에 부끄럽다」

He **is ashamed of himself for** what he has done.

그는 자신이 한 행동 때문에 부끄러워한다.

879
(be) available for ~에 쓸모있다, 이용 가능하다

- It **is** no **available for** our purpose.

그것은 우리 목적에 별로 쓸모가 없다.

《참고》 avail oneself of 「~을 이용하다」

He **availed himself of** the chance. 그는 그 기회를 이용했다.

880
(be) beneficial to ~에 유익하다

- Fresh air **is beneficial to** the health.

신선한 공기는 건강에 좋다.

881
(be) bent on ~에 열중하다, 결심하다

- He **is bent on** becoming a vocalist.

그는 성악가가 되려고 열심이다.

- He **is bent on** learning French. 그는 불어공부에 열중하고 있다.

882
(be) born of ~로부터 태어나다

- She **was born of** wealthy parents.

그녀는 부유한 부모에게서 태어났다.

《주의》 from을 쓰지 않도록 주의할 것.

전치사 of는 「~출신의, ~로부터」란 의미를 갖기도 한다.

He is a man **of** good family. 그는 좋은 집안 출신이다.

883
(be) born to　　　～하게 태어나다

- She **was born to** sorrows.　그녀는 불우하게 태어났다.

《주의》 bear「낳다」의 또다른 과거분사 형태인 borne은「낳다」의 뜻으로 완료형이나 by를 수반하는 수동구문에서만 쓰인다.

884
(be) bound for　　　～로 향하다, ～행이다

- The plane **is bound for** London.　이 비행기는 런던행이다.
- Where **are** you **bound for**?　어디로 가십니까?

《주의》 이때 bound는 형용사로「～행의」란 뜻이다.

885
(be) bound to + 동사원형　　～할 의무가 있다, 꼭 ～할 것이다

- I **am bound to** help him.　나는 그를 도와야만 한다.
- Our team **is bound to** win this game.

  우리 팀은 반드시 이번 경기에 이길 것이다.

《주의》 이때 bound는 bind의 과거분사이다.

886
(be) burdened with　　　～을 지다, 부담하다

- The people **are burdened with** heavy taxes.

  국민들은 무거운 세금을 부담하고 있다.
- He **is burdened with** debts.　그는 빚을 지고 있다.

887
(be) careful about　　　～에 유의하다, 신경쓰다

|동의어| care about

- He **is** very **careful about** his appearance.

  그는 외모에 무척 신경을 쓴다.

888
(be) characteristic of　　～의 특성이다

- Understatement **is characteristic of** the English people.

  신중한 표현은 영국인의 특성이다.

- It **is characteristic of** him to go to work before breakfast.

  아침 식사 전에 일하러 가는 것이 그의 특징이다.

889

(be) close to　　　　～에 가깝다

- His house **is close to** mine. 그의 집은 내 집과 가깝다.

《참고》 keep close to 「～의 곁을 떠나지 않다, ～와 친해지다」

890

(be) composed of　　　～로 구성되다

|동의어| consist of

- Water **is composed of** hydrogen and oxygen.

  물은 수소와 산소로 구성되어 있다.

891

(be) content to + 동사　　～에 만족하다

- He **is content to** be a designer.

  그는 디자이너가 된 것에 만족한다.

《주의》 content는 명사 앞에서 수식하는 단어로 쓰일 수 없다. 명사를
　　　　수식할 경우에는 contented를 쓴다.

《참고》 be content with + 명사 「～에 만족하다」
　　　　We must be content with a small house.
　　　　우리는 작은 집으로 만족해야 한다.

892

(be) contrary to　　　　～에 상반되다, 어긋나다

- It **is contrary to** my expectation. 그것은 내 기대와 상반된다.

《참고》 contrary to 「～에 반하여(부사적인 의미로)」
　　　　Contrary to old belief, alcohol doesn't stimulate the
　　　　nervous system.

일반적 생각과 달리, 알콜은 신경계통을 자극하지 않는다.

893
(be) convinced of ~을 확신하다

|동의어| be persuaded of

* He **is convinced of** his safety.

  = He is convinced that he is safe.

  그는 그의 안전을 확신하고 있다.

《참고》 I convinced him of my honesty. = I convinced him that I was honest. 나는 그에게 내가 정직함을 납득시켰다.

894
(be) cross with ~로 심기가 상하다

* His mother **was** very **cross with** him for staying out late.

  그의 어머니는 그가 늦게까지 외출하고 있어 심기가 상했다.

895
(be) crowded with ~으로 혼잡하다, 붐비다

* The store **was crowded with** shoppers.

  그 가게는 손님들로 붐볐다.

* The park **was crowded with** people.

  공원은 사람들로 붐볐다.

《주의》 예문은 결국 수동구문으로 이해하면 편하다.

896
(be) curious about ~에 호기심을 가지다

* Why **are** you so **curious about** what others do?

  왜 너는 다른 사람들이 하는 일에 그렇게 호기심을 갖느냐?

《주의》 보어로 Wh-절이 나올 경우엔 전치사 about가 생략될 수도 있다.

897
(be) curious to ~하고 싶어하다

- I **am curious to** know the result. 나는 그 결과가 알고 싶다.

《참고》 It is curious that~ 「이상하게도 ~하다」

It is curious that he should not have joined us.

이상하게도 그는 우리에게 합류하지 않았다.

898

(be) dead to · ~을 못느끼다, ~에 무감각하다

- He **is dead to** all sense of humour.

그는 유머감각이 전혀 없다.

899

(be) deaf to ~에 귀를 기울이지 않다, 무감각하다

|동의어| turn a deaf ear to

- He **was deaf to** my excuses.

그는 내 변명에 귀를 기울이지 않았다.

900

(be) deficient in ~이 부족하다

|동의어| be short of

- He **is deficient in** courage. 그는 용기가 부족하다.

901

(be) delighted at / with ~에 기뻐하다

- He **was delighted at** the news. 그는 그 소식에 기뻐했다.
- I **was delighted at** his coming. 나는 그가 온다고 해서 기뻤다.

NOTE be delighted to do 「~해서 기쁘다, 기꺼이 ~하다」

We're delighted to meet you. 당신을 만나 반갑습니다.

902

(be) desirous of ~을 원하다

|동의어| want, desire

- He **is desirous of** getting a good job.

= He wants to get a good job.

그는 좋은 직업 얻기를 원한다.

903

(be) destined to　　～할 운명이다

- He **was destined to** be a priest.　그는 목사가 될 운명이었다.

《참고》 He was destined for fame in literature.
　　　　그는 문학에서 명성을 얻을 운명이었다.

904

(be) determined to + 동사　　～하기로 결정하다

|동의어| decide

- He **is determined to** explain the matter to them.
그는 그 일을 그들에게 설명하기로 마음먹었다.

905

(be) devoted to　　～에 열중하다

|동의어| devote oneself to

- He **is devoted to** tennis.　그는 테니스에 빠져 있다.

《주의》 to 다음에는 동명사나 명사가 온다.
　　　　= He is devoted to playing tennis.

906

(be) disappointed at　　～에 실망하다

- I **was disappointed at** his failure.
나는 그의 실패에 실망했다.

《참고》 I am disappointed to hear the story.
　　　　나는 그 이야기를 듣고 실망했다.

907

(be) disposed to + 동사　～할 마음이 내키다

- I **am** not **disposed to** talk with him.
나는 그와는 이야기를 나누고 싶지 않다.

NOTE be disposed for[to] + 명사[동명사] 「～하는 경향이 있다」

908

(be) dressed in　　　　　~을 입고 있다

|동의어| dress oneself in

- She **was dressed in** white. 그녀는 하얀 옷을 입고 있었다.

909

(be) eager to + 동사　　　간절히 ~하고 싶어하다

- Students **are eager to** study abroad.

  학생들은 간절히 외국에서 공부하고 싶어한다.

  《주의》 명사일 경우에는 to 대신에 for, after를 쓴다.

  I am eager for knowledge. 나는 배움에 대한 열망이 크다.

910

(be) empty of　　　　　~이 없다

|동의어| be devoid of

- The lake **was** almost **empty of** water.

  그 호수에는 물이 거의 말랐다.

  《주의》 devoid는 명사 앞에서는 쓰이지 않는 형용사이다.

911

(be) engaged in　　　　~에 종사하다

|동의어| engage oneself in

- He **is engaged in** business. 그는 사업에 종사하고 있다.

  NOTE 자동사로 engage in ~ 「~에 종사하다, ~을 시작하다」

  We engaged in conversation. 우리는 대화를 나누기 시작했다.

912

(be) envious of　　　　~을 부러워하다

- I **am envious of** his success. = I envy him his success.

  나는 그의 성공을 부러워한다.

  《주의》 I envy his success는 틀린 문장이다. envy 다음에는 사람이 목
  적어로 온다.

913

(be) equal to ～와 대등하다, 감당할 수 있다

- His size **is equal to** yours. 그의 체격은 너와 비슷하다.
- I **am** not **equal to** that sort of work.
  나는 그런 종류의 일을 감당할 수 없다.
《참고》 첫 번째 예문의 경우는 타동사 equal로 바꾸어 쓸 수 있다.
  His size equals yours.

914

(be) equivalent to ～와 같다, ～에 상당하다

- Silence **is** sometimes **equivalent to** consent.
  때로 침묵은 승낙을 뜻한다.

915

(be) essential to ～에 필수적이다

- Good health **is essential to** success in life.
  건강은 성공적인 삶에 필수적인 것이다.
《참고》 (be) of the essence 「불가결하다」
  In chess, cool nerves are of the essence.
  체스에서, 냉정함은 필수적이다.

916

(be) excellent in ～에서 뛰어나다

- She **is excellent in** English composition.
  = She excels in English composition.
  그녀는 영작문에서 뛰어나다.
《참고》 excel at a game 「경기에 강하다」
  excel as a painter 「화가로 뛰어나다」

917

(be) faithful to ～에 충실하다

- The translation **is** not **faithful to** the original.
  그 번역은 원본에 충실하지 않다.

《참고》 keep faith with 「~와 약속을 지키다」

　　　　 break one's faith 「~와의 약속을 깨뜨리다」

918

(be) fearful of　　　　~을 두려워하다

• He **is** always **fearful of** failure in business.

= He **is** always **fearful to** fail in business.

= He **fears** always **to** fail in business.

그는 사업에 실패할까봐 항상 두려워한다.

《주의》 fear의 경우에는 목적어로 to부정사나 that절이 쓰인다.

919

(be) fed up with　　　　~에 싫증나다

|동의어| be tired of

• We **are** all **fed up with** his chattering.

우리 모두가 그의 수다에 싫증이 났다.

920

(be) frank with　　　　~에게 솔직하다

• Americans **are** generally **frank with** anybody.

일반적으로 미국인은 누구에게나 솔직하다.

《참고》 To be frank with you 「솔직히 말해서」

921

(be) free from　　　　~이 없다

• His idea **is free from** prejudice.　그의 생각에는 편견이 없다.

922

(be) free of　　　　~이 면제되다

• Our house **is free of** rent.　우리 집은 집세가 부과되지 않는다.

923

(be) free to + 동사　　　자유롭게 ~할 수 있다

- You **are free to** choose as you please.

  네가 좋아하는대로 자유롭게 선택할 수 있다.

924

(be) fresh from/out of ～에서 갓 나오다

- He married a girl **fresh from** college.

  그는 대학을 갓 나온 아가씨와 결혼했다.

925

(be) friendly with ～와 친하다

- He **is** very **friendly with** all his neighbors.

  그는 모든 이웃들과 친하게 지낸다.

《주의》 friendly는 여기서 형용사임에 주의할 것.

926

(be) full of ～으로 가득하다

- She **is full of** dreams and hopes.

  그녀는 꿈과 희망으로 가득하다.

《참고》 be filled with 「～으로 가득차다」

  The glass is filled with water. 잔에 물이 가득하다.

927

(be) guilty of ～의 죄가 있다

|반의어| be innocent of (～에 대해 결백하다)

- He **is guilty of** murder. 그는 살인죄를 범했다.

NOTE be found guilty 「유죄판결을 받다」

928

(be) hard of + 동명사 ～하는데 곤란하다

- She **is hard of** hearing. 그녀는 듣는데 곤란을 겪고 있다.

929

(be) hard up for ～이 없어 곤란을 겪다

- We **are hard up** for good ideas.

  우리는 좋은 생각이 떠오르지 않아 곤란을 겪고 있다.

930

(be) harmful to ～에게 해가 되다

|동의어| do harm to

- Smoking **is harmful to** your health.

  흡연은 네 건강에 좋지 않다.

931

(be) hostile to ～에 반대하다, 적의를 가지다

- He **is hostile to** reform 그는 개혁에 반대한다.

932

(be) ignorant of ～을 모르다

- He **is ignorant of** the fact. 그는 그 사실을 모른다.
- He **is ignorant that** he is wrong.

  그는 자기가 잘못이라는 것을 모른다.

933

(be) indebted to A for B A에게 B를 빚지다

- We **are** greatly **indebted to** him **for** his cooperation.

  우리는 그의 협력을 대단히 고맙게 생각한다.

《참고》 I should be greatly indebted if you would ～

  「～하여 주신다면 대단히 감사하겠습니다」

934

(be) indispensable to ～에게 없어서는 안되다

- Health **is indispensable to** all of us.

  건강은 우리 모두에게 필수불가결한 것이다.

935

(be) innocent of ～에 죄가 없다, ～에 결백하다

- He **was innocent of** spreading the rumor.

  그는 소문을 퍼뜨린 것에 죄가 없다.

936
(be) jealous of　　　~을 질투하다

- She **is jealous of** her younger sisters.

  그녀는 누이동생들을 시기한다.

937
(be) known to　　　~에게 알려져 있다

- His name **is known to** everybody.

  그의 이름은 모두에게 알려져 있다.

《주의》 예문은 Everybody Knows his name. 의 수동구문이다.

　　　know는 수동구문에서 by대신에 to를 쓰는 것이 원칙이다.

938
(be) liable for　　　~에 책임이 있다

- He **is liable for** damage.　그는 손해에 대해 책임이 있다.

《참고》 be liable to do 「자칫하면 ~하기 쉽다」

　　　All men are liable to make mistakes.

　　　모든 사람은 잘못을 저지르기 쉽다.

939
(be) likely to　　　~인 듯하다

- It **is likely to** rain　비가 올 것 같다
- He **is likely to** come today.　그가 오늘 올 것 같다.

《주의》 여기에서 likely는 형용사로 「있음직한」이란 뜻을 갖는다.

940
(be) married to　　　~와 결혼하다

- She **is married to** a rich man.　그녀는 부자와 결혼했다.

《주의》 marry는 전치사의 도움없이 「~와 결혼하다」는 뜻이다.

I **married** his sister. 나는 그의 누이와 결혼했다.

941

(be) master of　　　　　～에 정통하다

- He **is master of** the classical music.　그는 고전음악에 정통하다.

942

(be) necessary to/for　　～에 필요하다

- Sleep **is necessary to** health.　수면은 건강에 필요하다.

943

(be) opposite to　　　～과 마수보다, 서로 용납하지 않다

- His house **is opposite to** the church.

  그의 집은 교회 맞은편에 있다.

《참고》 be opposed to 「～과 반대이다」

　　　　oppose A ～ing～ 「A가 ～하는 것을 반대하다」

　　　　His parents didn't oppose him going abroad.

　　　　그의 부모는 그가 외국에 가는 것을 반대하지 않았다.

944

(be) particular about　　～에 까다롭게 굴다

- She **is particular about** her food.

  그녀는 음식을 까다롭게 가린다.

NOTE 전치사 about대신에 over, as to, in이 쓰일 수 있다.

945

(be) patient of　　　　～을 참다

- We **were patient of** hunger during the war.

  우리는 전쟁 동안 굶주림을 참았다.

《참고》 be patient with 「～에게 끈기를 보이다」

　　　　Be patient with children. 아이들에게는 인내심을 가져라.

946

(be) peculiar to　　　～에 고유하다

- Language **is peculiar to** mankind.

  언어는 인간에게 고유한 것이다.

947

(be) pleased with　　～에 기뻐하다, 만족하다

|동의어| be delighted at[with]

- I **am** very **pleased with** the result.

  나는 그 결과에 대해 매우 만족한다.

- I'll **be pleased** to come **with** you.

  기꺼이 당신과 함께 가겠습니다.

《참고》 I am pleased that you have arrived safe and sound.

　　나는 당신이 무사히 도착해서 기쁩니다.

948

(be) popular among/with　　～에게 인기가 있다

- Prof. Smith **is popular among** the students.

  스미스 교수는 학생들 사이에 인기가 있다.

- Tom **is popular with** other children.

  탐은 다른 아이들 사이에서 인기가 있다.

949

(be) prepared for　　～에 준비[각오]가 되어 있다

- I **am prepared for** the worst.

  나는 최악의 상황에도 각오가 되어 있다.

《참고》 prepare A for B 「B에 대비하여 A를 준비하다」

　　I prepared food for emergency.

　　나는 비상시를 위해 식량을 준비했다.

950

(be) proud of　　～을 자랑스럽게 여기다

|동의어| take pride in = pride oneself on

- He **is proud of** his work.　그는 자기 일을 자랑스럽게 여긴다.

《참고》 He prides himself on his skill as a golfer.

그는 골퍼로서의 기술을 자랑스럽게 여긴다.

951
(be) reckless of　　　～에 개의치 않다

• He **is reckless of** the consequences.

그는 결과에 개의치 않는다.

952
(be) respectful of　　　～을 중히 여기다

• He **is respectful of** money. = He **has respect for** money.

그는 돈을 중히 여긴다.

953
(be) responsible for　　　～에 책임이 있다

• Factories **are responsible for** air pollution.

공장들은 대기 오염에 책임이 있다.

《주의》 be responsible to + 사람

954
(be) satisfied with　　　～에 만족하다

• I **am satisfied with** my new house.　나는 새 집에 만족한다.

NOTE be satisfied of 「～을 확신하다」

We **are satisfied of** his honesty.

우리는 그의 정직함을 확신한다.

955
(be) sensitive to　　　～에 민감하다

• He **is** very **sensitive to** cold.　그는 추위에 매우 민감하다.

《참고》 be sensitive over 「～로 고민하다, 신경과민이다」

956
(be) short for　　　～의 약자이다

• U.S.A. **is short for** the United States of America.

USA는 미합중국의 약자이다.

《참고》 be short of 「~이 부족하다」

957
(be) sick of　　　　　~에 싫증나다

|동의어| be tired of

- I **am sick of** meeting people.
  나는 사람 만나는 것이 지긋지긋하다.

958
(be) subject to　　　　~에 복종하다, ~에 빠지기 쉽다

- Everything **is subject to** the law of nature.
  모든 것이 자연의 법칙에 따른다.
- She **is subject to** colds.　그녀는 감기에 잘 걸린다.

959
(be) suitable for　　　　~에 적합하다

- His speech **was suitable for** the occasion.
  그의 연설은 그 경우에 적절했다.

《참고》 전치사 to를 대신 사용하기도 한다.

960
(be) surprised at　　　　~에 놀라다

- I **was surprised at** the news.　나는 그 소식에 놀랐다.
- I **was surprised to** see the sights.
  나는 그 광경을 보고 놀랐다.

《참고》 be amazed at [by] 「~에 깜짝 놀라다」

961
(be) true of　　　　~에 해당되다

- What **is true of** me will **be true of** everybody.
  나에게 해당되는 것은 모든 사람에게 해당될 것이다.
- It **is true of** education, too.

그것은 교육에 관해서도 마찬가지이다.

《참고》 be true to 「~에 충실하다」

Be true to your word. 약속을 지켜라.

962

(be) welcome to　　자유롭게 ～해도 좋다

- You **are welcome to** use our computer.

  우리 컴퓨터를 자유롭게 사용해도 좋습니다.

- You **are welcome to** any book in the library.

  도서관의 책을 어떤 것이든 마음대로 읽어도 좋습니다.

963

(be) well-known to　　～에게 잘 알려져 있다

- He **is well-known to** young people.

  그는 젊은이들에게 잘 알려져 있다.

964

(be) wrong with　　～에 고장이 나다

- Something **is wrong with** our television set.

  우리 텔레비전에 어딘가 고장이 났다.

- **Is** there anything **wrong with** you? 몸이 편찮으십니까?

NOTE What's wrong with it?은 반어적으로 「어디가 잘못되었니?」라는 뜻이다.

* known to 인가 known by 인가?

Everybody knows him.의 수동태 문장은 He **is known to** everybody.라고 한다. 즉 by everybody가 아니라 to everybody를 쓰고 있다.

그렇다면 동사 know의 경우는 언제나 by 대신에 to를 써야 하는 것일까?

잘 알고 있듯이 능동태를 수동태로 바꿀 때, 능동태의 주어는 수동 태에서 by~로 나타나는 것이 원칙이다. 그러나 예외없는 규칙이 없 다고 몇 가지 예외적인 현상에 대해서 우리는 숙어처럼 외우고 있다. 예를 들어, **be surprised at** 「~에 놀라다」, **be disappointed at** 「~ 에 실망하다」, **be covered with** 「~로 덮여 있다」 등이다.

동사 know의 경우도 마찬가지로 수동태로 나타낼 경우에는 **known**이 마치 **familiar**의 뜻으로 해석되어 전치사 **to**를 사용하는 것이 자연스럽게 여겨진다.

그럼 **know**의 경우에는 **by**를 사용하는 것이 전혀 불가능한 것일 까?

A man **is known by** the company he keeps.

(사람은 사귀는 친구들에 의해 판단된다.)

위의 예문처럼 **know**가 **judge** 「판단하다」의 뜻으로 사용될 경우 에는 오히려 to보다는 by를 사용해야 한다.

>>> Chapter 07
출제순위영숙어 ● 수능독해직결숙어(Ⅱ)
전치사 역할을 하는 숙어

❖ The worry.

Brown : I'm very worried. It's raining hard and my wife is downtown.
Jones : Don't worry. She will go into some store and stay in there until it
        stops raining.
Brown : That's why I'm worried.

❖ 걱정

브라운 : 마누라가 시내에 있는데 비는 많이 오고 이거 걱정이네.
존스 : 걱정 마세요. 어느 상점에 들어가서 비가 그칠 때까지 있겠지요.
브라운 : 그래서 걱정이란 말야.

965

according to　　　　　～에 의하면, ～에 따라

- **According to** today's paper, there was a big earthquake in China. 오늘 신문에 따르면 중국에서 커다란 지진이 있었다.

《주의》 according as 다음에는 절을 쓴다.

　　We see things differently according as we are rich or poor.

　　우리는 빈부에 따라서 사물을 다른 시각으로 본다.

966

ahead of　　　　　～보다 앞서

- The steamer left **ahead of** time.

  그 기선은 예정시간에 앞서 출발했다.

- He was three hours **ahead of** schedule.

  그는 예정보다 세 시간 먼저 와 있었다.

《참고》 get ahead in the world 「출세하다」

967

along with　　　　　～와 더불어

|동의어| together with

- Come **along with** me. 나를 따라 오너라.

《참고》 He was along toward fifty. 그는 거의 50살에 가깝다.

968

apart from　　　　　～은 별문제로 하고, ～은 제쳐놓고

- **Apart from** joking, what do you want to do?

  농담은 그만하고, 이제 너는 무엇을 하고 싶니?

《참고》 The house stood apart from others.

　　　 그 집은 다른 집들과 떨어져 있다.

969

as for　　　　　～로 말하자면

|동의어| as to

- **As for** me, I prefer coffee to tea.

  나로서는 홍차보다 커피가 더 좋다.

  NOTE as for는 문두에 쓰이지만, as to는 문장 어디에 써도 좋다.

970

aside from　　　　　～은 별도로

|동의어| apart from

- **Aside from** the question of expense, the plan cannot be carried out.

  비용문제는 별도로 하더라도 그 계획은 실행될 수 없다.

- **Aside from** his books, he collects data from his own experiences.

  책은 제쳐놓고, 그는 자기 경험에서 자료를 모은다.

  NOTE That is aside from the question. 그것은 논외의 것이다.

971

at the age of　　　　　～의 나이에

- I left home **at the age of** seventeen.　나는 17살에 집을 떠났다.

  《참고》 for one's age 「나이에 비해서」

  　　　He looks young for his age. 그는 나이에 비해 젊어보인다.

972

at the bottom of　　　　　～의 바닥에

- He is **at the bottom of** his class.　그는 그의 반에서 꼴찌이다.

973

at the call of　　　　　～의 요구에 의해

- The meeting was held **at the call of** the president.

  그 회의는 대통령의 요구에 따라 개최되었다.

  《참고》 at[on] call 「부르면 곧 응할 수 있는」

974

at the foot of　　　　　～의 기슭에, ～의 바닥에

- We live **at the foot of** Mt. Halla.

  우리는 한라산 기슭에 산다.

  《참고》 at one's feet 「~의 발 아래, ~에게 복종하여」

975

at the head of　　　~의 선두에

- He is **at the head of** the class.　그는 반에서 일등이다.

976

at the height of　　　한창 ~중에, ~의 절정에서

- Thc city was **at the height of** its prosperity.

  그 도시는 번영의 절정에 있었다.

  《주의》 「한여름에」라고 할 때에는 전치사가 달라져 in the height of
  　　　　summer가 된다.

  NOTE in the height of fashion 「한참 유행중인」

977

at the rate of　　　~의 비율로

- We walked **at the rate of** three miles an hour.

  우리는 1시간에 3마일 정도의 속도로 걸었다.

  《참고》 at a high rate 「호사스럽게」
  　　　　She lives at a high rate. 그녀는 호사스럽게 산다.

978

at the risk/peril of　　　~의 위험을 무릅쓰고

- He did it **at the risk of** his life.　그는 목숨을 걸고 그 일을 했다.

  《참고》 at one's own risk 「~의 책임하에」
  　　　　Cross the road at your own risk.　차에 치어도 책임지지 않음.

979

at the sight of　　　~을 보고서

- She wept **at the sight of** her long lost child.

  그녀는 오랫동안 잃어버렸던 아이를 보고서 울었다.

980
at the thought of　　～을 생각하고

- We shuddered **at the thought of** death.

  우리는 죽음을 생각하며 몸을 떨었다.

  《참고》 Your opinions are always in my thought.

  　　　네 의견을 항상 염두에 두고 있다.

981
but for　　～이 없다면

- **But for** the sun, nothing could live.

  태양이 없다면 아무 것도 살 수 없을 텐데.

- **But for** your help, I should have failed.

  네 도움이 없었다면 나는 실패하고 말았을 텐데.

  《주의》 but for는 가정법의 조건절을 이끄는 것이므로, 주절에서도 가정

  　　　법적 해석이 필요하다.

982
by means of　　～에 의하여, ～으로

|동의어| by dint of

- I lifted the car **by means of** lever.

  나는 지렛대로 차를 들어 올렸다.

  《참고》 by some means or other 「그럭저럭」

983
despite of　　～에도 불구하고

|동의어| in spite of

- **Despite of** his misfortune, he is quite cheerful.

  그는 불행에도 불구하고 꽤 쾌활하다.

  NOTE despite 자체로도 전치사로 쓰여 같은 의미를 갖는다.

984
except for　　～을 제외하고

- Your composition is good **except for** a few mistakes.

  네 글은 몇 가지 실수를 제외하고는 훌륭한 편이다.

  NOTE except that ~ 「~라는 것 이외에는」

  That will do except that it is too long.

  너무 길다는 것을 제외하고는 그것으로 됐다.

985

for fear of　　　　　　　　~을 두려워하여, ~하지 않으려고

- I kept quiet **for fear of** disturbing him.

  나는 그를 방해할까 두려워 조용히 있었다.

  NOTE I telephoned my mother for fear that she should get worried.

  어머니가 걱정하실까봐 어머니에게 전화를 했다.

986

for lack of　　　　　　　　~의 부족으로

- Many of them died **for lack of** water.

  그들 중 많은 사람이 물이 부족하여 죽었다.

  NOTE 이때 lack 대신에 같은 뜻을 갖는 want (명사로 쓰일 때는 「결핍」

  이란 뜻이다.)를 쓸 수 있다.

  I'll take this one for want of a better

  더 좋은 것이 없으므로 나는 이것을 갖겠다.

987

for the benefit of　　　　　　　~을 위하여

- The hospital was built **for the benefit of** the poor.

  이 병원은 가난한 사람들을 위해 지어졌다.

  《참고》 for one's special benefit 「특별히 ~를 위하여」

988

for the sake of　　　　　　　~을 위하여

- Society exists **for the sake of** the individual.

  = Society exists for the individual's sake.

  사회는 개인을 위하여 존재한다.

989

from above　　～너머로

- The old man looked at me **from above** his spectacles.

  그 노인은 안경 너머로 나를 바라보았다.

  (NOTE) spectacle은 복수로 「안경」이란 뜻을 갖는다.

  a pair of spectacles.

990

in accordance with　　～에 따라

|동의어| according to　|반의어| in opposition to

- **In accordance with** their customs, they bowed to their teacher. 관습에 따라 그들은 선생님에게 절을 했다.

991

in addition to　　～에 더하여

|동의어| besides

- I had a large bonus **in addition to** my salary.

  나는 봉급에 더하여 두둑한 보너스를 받았다.

  《주의》 besides는 부정문 · 의문문에서는 「～을 제외하고는(=except)」의 뜻으로 쓰인다.

  We know no one besides him.

  우리는 그를 제외하고는 아무도 모른다.

992

in celebration of　　～을 축하하여

- We gave a party **in celebration of** her birthday.

  = We gave a party in order to celebrate her birthday.

  우리는 그녀의 생일을 축하하여 파티를 열었다.

993

in commemoration of　　～을 기념하여

- They set up a monument **in commemoration of** the victory.

= They set up a monument to commemorate the victory.

그들은 승리를 기념하여 기념물을 세웠다

994

in comparison with ～과 비교하여

- This camera is far better **in comparison with** that.

이 카메라는 저것과 비교해서 훨씬 뛰어나다.

NOTE 예문에서 **far**는 비교급을 수식하며 「훨씬, 무척」이란 뜻이다.

995

in connection with ～와 관련하여

- I ask you some questions **in connection with** this subject.

나는 이 문제와 관련하여 당신에게 몇 가지 질문을 하겠습니다.

《참고》 in this connection 「이와 관련하여」

996

in consequence of ～의 결과로, ～때문에

- We changed our opinion **in consequence of** argument.

우리는 논의한 결과 우리의 의견을 바꾸었다.

《참고》 in consequence 「그 결과, 그 때문에」

　　　　of consequence 「중요한」

997

in consideration of ～을 고려하여

- **In consideration of** your advice, I shall not go there.

네 충고를 고려하여 거기에 가지 않겠다.

《참고》 after due consideration 「심사숙고한 끝에」

998

in course of ～중에

- I am **in course of** writing a novel.

나는 소설을 쓰고 있는 중이다

《주의》 in course of는 under course of로 바꾸어 쓸 수 있다.

A shopping center is under course of construction.

쇼핑센터가 건축중이다.

999
in defence of   ～을 지키기 위하여

- They fought **in defence of** their country.

  = They fought to defend their country.

  그들은 조국을 지키기 위해 싸웠다.

1000
in defiance of   ～을 개의치 않고, ～을 무시하여

- They went on a strike **in defiance of** the law.

  그들은 법을 무시하고 파업을 계속했다.

《참고》 set ~at defiance 「～을 무시하다」

1001
in excess of   ～을 초과하여

- The rent is **in excess of** my power.

  = The rent exceeds my power. 집세는 내 능력을 넘어선다.

1002
in exchange for   ～대신으로, ～과 교환으로

- I taught her Korean **in exchange for** English.

  나는 영어를 가르쳐준 댓가로 한국어를 그녀에게 가르쳤다.

NOTE exchange of gold for silver 「금을 은으로 교환하다」

1003
in favour of   ～에 찬성하여

- I am **in favour of** the five-day week.

  나는 주 5일 근무제에 찬성이다.

- I am **in favour of** your proposal. 나는 네 제안에 찬성이다.

《참고》 The vote was all in favour. 투표는 전원 찬성이었다.

1004

in front of　　　　　～의 앞에

|동의어| before

- There is a big tree **in front of** the gate.
  = A big tree is **in front of** the gate. 정문 앞에 커다란 나무가 있다.

1005

in hono(u)r of　　　　　～을 축하하여, ～에 경의를 표하여

- A party was held **in hono(u)r of** his birthday.
  그의 생일을 축하하여 파티가 열렸다.
  《참고》 He is an hono(u)r to our school. 그는 우리학교의 자랑이다.

1006

in memory of　　　　　～을 잊지 않으려고, ～을 기념하여

- The library was built **in memory of** Lincoln.
  = The library was built in order to memorize Lincoln.
  이 도서관은 링컨을 기념하여 세워졌다.
  《참고》 keep in memory 「기억하고 있다」

1007

in need of　　　　　～이 필요하여

|동의어| in want of

- We are **in need of** fuel. 우리는 연료가 필요하다.
- He is much **in need of** help. 그는 무척 도움이 필요하다.
  《참고》 for lack of 「～이 부족해서」
  　　　　They had to leave their house for lack of food.
  　　　　그들은 식량이 부족해서 집을 떠나야만 했다.

1008

in obedience to　　　　　～에 복종하여, ～에 따라

- Soldiers act **in obedience to** the orders.
  군인들은 명령에 따라 행동한다.

NOTE be obedient to 「~에 순종하다」

1009
in place of　　　~을 대신하여

- Reporters use a recorder **in place of** a pen these days.
  신문기자들은 요즘 펜 대신에 녹음기를 사용한다.
《참고》 take the place of 「~을 대신하다」
　　　　I was sick so Bill took my place at the meeting.
　　　　내가 아파서 빌이 나 대신 모임에 참석했다.

1010
in possession of　　　~을 소유하여

- She is **in possession of** many jewels.
  = She possesses many jewels. 그녀는 많은 보석을 가지고 있다.

1011
in preference to　　　~보다는 오히려, ~에 우선하여

- He values wealth **in preference to** fame.
  = He has preference for wealth to fame.
  그는 명예보다는 부에 가치를 둔다.

1012
in proportion to　　　~에 비례하여

- Men's wants become greater **in proportion to** the
  increase in their income.
  인간의 욕구는 수입의 증가에 비례하여 더 커진다.
《주의》 in proportion as 다음에는 절이 온다.

1013
in pursuit of　　　~을 추구하여

|동의어| looking for

- People are always **in pursuit of** happiness.
  = People always pursue happiness.

인간은 언제나 행복을 추구한다.

1014
in relation to 　　　　　～에 관하여

- Let's plan **in relation to** the future.
  미래에 대한 계획을 세우자.
  (NOTE) with relation to도 똑같은 의미이다.

1015
in response to 　　　　　～에 응하여

- **In response to** my urging, he yielded.
  그는 내 주장을 받아들여 양보했다.

1016
in return for / to 　　　　　～의 보답으로

- I'll give you this book **in return for** your gift.
  네 선물에 대한 답례로 너에게 이 책을 주겠다.
  《참고》 in return 「답례로」

1017
in search of 　　　　　～을 찾아서

- I am **in search of** an apartment.
  = I search for an apartment. 나는 아파트를 찾고 있다.
  《주의》 an eager search for truth 「진리의 열렬한 추구」. 전치사가 다
  　　　름에 주의할 것.

1018
in store for 　　　　　～을 위해 준비되어 있는

- I have surprise **in store for** you. 너를 놀라게 만들 것이 있다.
- They little knew what calamity was **in store for** them.
  그들에게 어떤 재난이 닥쳐오고 있는지 그들은 전혀 몰랐다.
  《참고》 in store 「저장하여, 준비하여」
  　　　She keeps plenty of food in store.

그녀는 많은 식량을 비축해두고 있다.

1019
in the cause of　　　～을 위하여

- I fought **in the cause of** justice.　나는 정의를 위해 싸웠다.

《참고》 He has no cause for complaint [to complain].
　　　　그는 불평할 이유가 없다.

1020
in the course of　　　～과정 중에, ～동안에

- We must meet **in the course of** this week.
　우리는 이번 주 내에 만나야만 한다.

《주의》 in course of 뒤에는 작업을 가리키는 추상명사가, 반면에 **in the
　　　　course of** 뒤에는 시간을 가리키는 명사가 주로 사용된다.

《참고》 in the course of time 「시간이 경과함에 따라, 마침내」

1021
in the direction of　　　～의 방향으로

- He ran away **in the direction of** the river.
　그는 강 쪽으로 도망쳤다.

《참고》 in all directions = in every direction 「사방으로」

1022
in the face of　　　～에도 아랑곳 없이

- He showed courage **in the face of** danger.
　그는 위험에도 불구하고 용기를 보여주었다.

《참고》 in the face of day[sun] 「공공연히, 드러내 놓고」

1023
in the habit of + 동명사　～하는 습관이 있는

- She is **in the habit of getting** up late.
　= She is habituated to get up late.
　그녀는 늦게 일어나는 습관이 있다.

in the light of　　　~을 고려하면, ~의 관점에서

|동의어| in view of, from the point of view

- **In the light of** the present situation, I can't agree with him. 현 상황을 고려하면 나는 그에게 동의할 수 없다.
- All products must be developed **in the light of** practical use. 모든 제품은 실용적인 관점에서 개발되어야 한다.

1025

in the name of　　　~의 이름으로

- The meeting will be open **in the name of** Mr.Ford.
  = The meeting will be open in Mr.Ford's name.
  그 모임은 포드씨의 이름으로 열릴 것이다.
- 《참고》 a young man by the name of John Smith 「존 스미스라는 이름의 젊은이」

1026

in the teeth of　　　~에도 불구하고

|동의어| in spite of

- The ferry started **in the teeth of** the gale.
  그 여객선은 강풍에도 불구하고 출발했다.
- 《참고》 in spite of one's teeth 「~의 반대를 무릅쓰고」

1027

in the thick of　　　~의 한창 때에

- The war broke out **in the thick of** winter.
  전쟁은 한 겨울에 터졌다.
- NOTE through thick and thin 「갖은 고난을 무릅쓰고」

1028

in token of　　　~의 표시로

|동의어| as a token of

- He gave me this gift **in token of** his thanks.

  그는 감사의 표시로 나에게 이 선물을 주었다.

  (NOTE) 관사의 유무에 주의할 것.

1029

in touch with　　　～와 접촉하여

- He is **in touch with** the times.　그는 시대의 흐름을 쫓아간다.

《참고》 keep in touch with 「～와 계속 연락하다」

1030

in view of　　　～이 보이는 곳에, ～을 고려하여

- We came **in view of** sea.　우리는 바다가 보이는 곳에 왔다.
- I stood **in** full **view of** the crowd.

  나는 군중이 훤히 보이는 곳에 섰다.
- **In view of** these possibilities, we gave up the plan.

  이런 가능성들을 고려하여 우리는 그 계획을 포기했다.

1031

instead of　　　～대신에

- Use a pencil **instead of** a pen.　펜 대신에 연필을 사용하시오.
- He praised me **instead of** scolding me.

  그는 나를 꾸짖기는 커녕 칭찬했다.

《주의》 instead of 다음에는 명사나 동명사가 쓰인다.

1032

on behalf of　　　～을 대신하여, ～을 대표하여

- I went there **on behalf of** him.

  나는 그를 대신하여 거기에 갔다.

  = I went there in his behalf.
- Don't be uneasy **on** my **behalf**.　내 걱정은 하지 마시오.

  (NOTE) on behalf of + 사람 = on (a person's) behalf

1033

on the part of ～의 편에서는

- There are no faults **on the part of** our friends.

  우리 친구들 쪽에서는 아무런 잘못도 없다.
- There is no object **on my part**. 나로서는 이의가 없다.

(NOTE) 「of + 사람」에서 사람이 대명사로 쓰일 경우에는 항상 소유격이다.

1034

on the point of ~ing 막 ～하려고 하다

|동의어| (be) about to + 동사원형

- He was **on the point of starting**. 그는 막 출발하려고 했다.

《주의》 미래를 나타내는 방법의 하나로 아주 가까운 미래를 표현한다.

1035

on the side of ～을 편들어

- Everybody was **on the side of** the old man.

  모든 사람이 노인의 편을 들었다.
- I am **on your side** in this issue. 이 문제에서 나는 네 편이다.

1036

on the verge of ～의 직전에

- His business is **on the verge of** ruin.

  그의 사업은 파산 직전이다.

(NOTE) verge는 「가장자리, 끝」이라는 뜻이다.

1037

preparatory to ～의 준비로서, ～에 앞서

|동의어| in preparation for

- I am packing my goods up **preparatory to** my journey.

  나는 여행을 가기에 앞서 내 짐을 꾸리고 있다.

《주의》 전치사 사용에 주의할 것.

1038

thanks to   ～덕분에

- **Thanks to** your help, I could finish the work.
  당신 도움 덕분에 나는 그 일을 끝낼 수 있었다.
  《참고》 accept ~ with thanks 「감사히 ~을 받아들이다」
  복수형태로 쓰이는 것에 주의할 것.

1039

up against   ～에 직면하여

- **Up against** great difficulties, they did their best.
  커다란 어려움에 직면하여 그들은 최선을 다했다.

QUESTION BOX

✱ 단어나 숙어의 정확한 의미를 찾아서

우리가 사전을 찾아보면 같은 의미인 것으로 쓰여 있지만 그 의미를 정확하고 엄격하게 구분해야 할 숙어나 단어들이 있다. 예를 들어, wear 「입다」는 옷이나 장신구를 몸에 걸치고 있는 상태를 의미하고, put on 「입다」는 그것을 몸에 걸치는 동작을 의미한다.

This man always wears black shoes.
(이 남자는 항상 검은 구두를 신고 있다.)
I put on my clothes in the morning.
(나는 아침에 옷을 입는다.)

이렇게 동작과 상태의 구분은 문장의 뜻을 정확하게 이해하면 그런대로 쉽게 이해할 수 있다. 그러나 그렇지 못한 경우도 없지 않다. 예를 들어 (우리는 정원에서 꽃을 꺾었다.)고 할 때, 동사로 pick을 쓸 것인가 아니면 pick up을 쓸 것인가 고민하게 된다.

이럴 경우를 위해 우리는 단어와 숙어를 암기하면서 그 의미를 정확하게 파악할 필요가 있다. pick은 목적어로 과일이나 꽃이 나오면 「따다, 비틀어 따다」는 의미가 된다. pick up은 「땅에서 주워 올린다」는 의미다. 따라서 위의 예문에서는 당연히 pick를 선택해야 한다.

We picked flowers in the garden.
The boy picked up a stone.

비슷하게 grow 「성장하다」와 grow up 「성장해 어른이 되다」도 정확한 구분이 필요하다.

Babies grow very quickly. (O) (어린아기는 빨리 자란다.)
Babies grow up very quickly. (×)
When I grow up I shall be a doctor.
(나는 어른이 되면 의사가 될 것이다.)

Chapter 08

출제순위영숙어 ● 수능독해직결숙어(II)

부사 역할을 하는 숙어

❖ **The mistake.**

Judge : Is it true you stole egg from Mr. Brown's store?
Defendante : Yes, Your Honor. I took them by mistake.
Judge : What do you mean?
Defendante : I thought they were fresh.

❖ **실수**

판사 : 당신이 브라운씨 가게에서 달걀을 훔친 것이 사실입니까?

피고 : 네, 판사님! 실수로 훔쳤습니다.

판사 : 무슨 뜻입니까?

피고 : 신선한 달걀인 줄 알았거든요.

all at once　　갑자기

|동의어| all of a sudden, suddenly

- It began to rain **all at once**.　갑자기 비가 내리기 시작했다.

NOTE at once 「즉시, 곧」

all but　　거의, ~을 제외한 전부

|동의어| almost, nearly

- He is **all but** dead.　그는 거의 죽은거나 다름없다.
- The people were rescued **all but** one.

　한 사람을 빼놓고는 모두 구출되었다.

NOTE anything but 「(부정문에서) 결코 ~않다[아니다]」

　　He will do anything but work. 그는 절대 일하지 않을 것이다.

all in all　　전부 합해서, 대체로

- Trust him **all in all**, or not at all.

　그를 전적으로 믿거나 아니면 절대로 믿지 마라.
- **All in all** things are going well.

　대체로 일이 잘 되어가고 있다.

all one's life　　한평생

- He lived **all his life** in Seoul.

　그는 서울에서 평생을 살았다.

NOTE 「all + 무관사 추상명사」는 일반적인 뜻을 강조할 뿐이다.

　　All life is a series of activities. 삶이란 활동의 연속이다.

all the same　　아무래도 좋은, 그래도 역시

- You can do it now or later, it is **all the same** to me.

너는 그것을 지금 하거나 나중에 해도 된다. 나는 아무래도 좋다.

- He gives us a lot of troubles, but I like him **all the same**.

  그는 우리에게 여러 가지로 폐를 끼치지만 그래도 나는 그가 좋다.

《주의》「all the + 비교급」은 「그만큼 더, 더욱 더」라는 뜻이다.

  His delay made the situation all the worse.

  그가 늦어서 사태는 더욱 악화되었다.

1045

all the year round   1년 내내

- It is very warm here **all the year round**.

  여기는 일년 내내 매우 따뜻하다.

《참고》for years「여러 해 동안」

1046 1047

and so forth
and so on   ～등등

|동의어| and the like, etc.

- The child is learning the violin, English **and so forth**.

  그 아이는 바이올린, 영어 등등을 배우고 있다.

1048

as follows   아래와 같이, 다음과 같이

- The details are **as follows**.   상세한 것은 아래와 같습니다.

《주의》이때 follows는 비인칭동사이며, 따라서 항상 3인칭 단수 현재형으로 쓰인다.

1049

as much as to say   마치 ～라고 말하려는 듯이

- He looked **as much as to say**, "That's ridiculous."

  그는 "그것은 말도 안돼."라고 말하려는 듯이 보였다.

NOTE as much as「～만큼의」

  He likes cooking as much as she does.

  그도 그 여자 만큼이나 요리하기를 좋아한다.

1050

as usual 여느 때처럼

|동의어| usually

- He was late for school **as ususal**.

  그는 여느 때와 마찬가지로 지각했다.

  NOTE as such 「그런 식으로, 그 자격으로」

  She is a lunatic and should be treated as such.

  그 여자는 미치광이다, 따라서 그렇게 취급되어야 한다.

1051

as yet 아직, 지금까지는

- He has not arrived **as yet**. 그는 아직 도착하지 않았다.

《참고》 but yet = and yet 「그럼에도 불구하고, 그러나」

It is strange and yet true. 이상한 일이지만 그것은 사실이다.

1052

at ease 편하게, 마음 놓고

|동의어| comfortably

- He now lives **at ease**. 그는 지금 편하게 살고 있다.

《참고》 be[feel] at ease 「마음을 놓다」

be ill at ease 「마음이 불안하다」

1053

at every turn 도처에

- In Gyeongju you can see such a temple **at every turn**.

  경주에서는 그런 절을 도처에서 볼 수 있다.

《참고》 by turns 「번갈아, 차례로」

out of turn 「경솔하게, 순서 없이」

1054

at intervals 때때로, 어기저기에

- It rained **at intervals**. 비가 이따금씩 내렸다.

- Flowers were arranged **at intervals**.

  꽃들이 여기저기 꽂혀 있다.

  NOTE after an interval of five years 「5년의 간격을 두고」

1055

at one's leisure　　한가할 때

- Will you look through these papers **at your leisure**?

  한가할 때 이 서류들을 훑어보아 주시겠습니까?

  NOTE have no leisure for + 명사[to do] 「~할 틈이 없다」

1056

at (one's) pleasure　　원하는 대로, 뜻대로

|동의어| as you please

- You may go or stay **at your pleasure**.

  가시든 머무시든 당신 마음대로 하십시오.

《참고》 for pleasure 「그저 재미로」

1057

at random　　닥치는 대로, 함부로

- Don't read **at random**.　닥치는 대로 책을 읽지 마시오.
- I chose five books **at random**.

  나는 아무렇게나 책 다섯권을 골랐다.

《주의》 random-randomer-randomest

1058

at rest　　휴식하여

- Are you **at rest** or at work?

  쉬고 있습니까, 아니면 일하고 있습니까?

《참고》 put[set]~ at rest 「~을 안심시키다」

1059

back and forth　　앞뒤로, 이리저리

- The teacher is walking **back and forth** on the platform.

선생님이 교단에서 이리저리 걷고 계신다.

1060
back to back　　　등을 맞대고

- I happened to sit **back to back** with a beautiful lady.

  나는 우연히 아름다운 아가씨와 등을 맞대고 앉았다.

《참고》 be[lie] on one's back 「반듯이 누워 자다, (병으로) 몸져 눕다」

1061
be about + 동사　　　막 ～하려고 하다

- The show **is about to** start.　쇼가 막 시작하려고 한다.
- The sun **is about to** set.　해가 막 지려고 한다.

《주의》 be about to do의 형식으로 가까운 미래를 표현한다.
　　　 be just about 다음엔 동명사를 쓴다.

1062
best of all　　　무엇보다도

- I love quietness **best of all**.　무엇보다도 나는 조용한 것이 좋다.

《참고》 as best (as) one can 「될 수 있는대로」
　　　 I comforted her as best as I could.
　　　 나는 할 수 있는 만큼 그녀를 위로했다.

1063
between ourselves　　　우리끼리 이야기인데, 비밀이지만

- Just **between ourselves**, he'll shortly be fired.

  우리끼리 이야기인데, 그는 곧 해고당할 거야.

《참고》 shortly는 부사로 「곧, 간단하게」란 의미를 갖는다.

1064
beyond description / expression　　　말로 표현할 수 없는

- His life was miserable **beyond description**.

  그의 삶은 형용할 수 없을 만큼 비참했다.

《참고》 beyond dispute 「이론의 여지 없이」

1065

by accident 우연히

|동의어| by chance

- I saw him **by accident**. 나는 우연히 그를 만났다.
- She dropped a spoon into the cup **by accident**.
  그녀는 우연히 숟가락을 컵에 빠뜨렸다.

1066

by degrees 점차, 차차로

|동의어| gradually

- **By degrees** your salary will be raised.
  점차 당신의 봉급은 인상될 것입니다.

《주의》 degrees로 복수형임에 주의할 것.

1067

by far 훨씬, 단연코

- He is **by far** the best. 그는 단연 최고다.

《주의》 far과 마찬가지로 by far 역시 비교급을 수식한다.

1068

by halves 어중간하게

- Don't do anything **by halves**. 어중간하게 일하지 마라.

《주의》 by half 「반쯤, 반만큼」
  half의 단·복수 형태에 따른 의미변화가 있음에 주의할 것.

1069

by leaps and bounds 순조롭게, 차근차근

- Our sales increased **by leaps and bounds**.
  매상이 순조롭게 증가했다.

1070

by name 이름으로

- I know him only **by name**. 나는 그를 이름만 알고 있을 뿐이다.

《참고》 by the name of 「~의 이름으로」

I know a young man by the name of Smith.

나는 스미스라는 이름의 젊은이를 안다.

1071
by nature　　　　선천적으로, 본래

- He is kind **by nature**.　그는 원래 친절하다.

NOTE in nature는 「사실상」이란 뜻이다.

1072
by now　　　　지금쯤

- He will have arrived in Seoul **by now**.

그는 지금쯤 서울에 도착했을 것이다.

NOTE 전치사 by는 시간적 개념으로 「~까지는(=not later than)」이란 뜻을 갖는다.

I'll let you know by Monday. 월요일까지는 알려드리겠습니다.

1073
by twos and threes　　　　삼삼오오 (떼를 지어), 두세 사람씩

- The students returned to the dormitory **by twos and threes**. 학생들은 삼삼오오 짝을 지어 기숙사로 돌아왔다.

《참고》 by ones and twos 「하나 둘씩」

1074　1075
day by day
day after day　　　　매일매일, 날마다

- I worked very hard **day after day** to pass the examination. 나는 시험에 합격하려고 매일 매일 열심히 공부했다.

1076　1077
even if
even though　　　　비록 ~한다 할지라도

|동의어| although

- I will go out **even if** it rains.

비가 오더라도 나는 외출할 것이다.

《주의》 사실 even이 없더라도 문맥에 따라, if나 though만으로도 양보
절의 해석이 가능하다.

1078

ever since   그 이후로

- I have been in good health **ever since**.

  나는 그 이후로 좋은 건강 상태를 유지하고 있다.

  NOTE ever since 다음에 절이 나올 수도 있다.

  I have lived in Seoul ever since I was a boy.

  나는 어렸을 적부터 계속해서 서울에 살고 있다.

1079

for all   ～에도 불구하고

|동의어| in spite of

- **For all** his faults he is loved by all.

  그는 결점이 있음에도 불구하고 모두에게 사랑받는다.

1080

for convenience(') sake   편의상

- We can make it do **for convenience' sake**.

  우리는 편의상 그렇게 해버릴 수 있다.

  《주의》 for the convenience of 「～의 편의를 도모하여」

1081

for fun   장난으로, 재미로

- She plays the piano **for fun**. 그녀는 재미로 피아노를 친다.

  《주의》 「play + the 악기이름」 「악기를 연주하다」

  「play + 무관사 + 운동이름」 「운동을 하다」

  I play soccer on Sundays. 나는 일요일마다 축구를 한다.

1082

for good   영원히

- He feels like staying in Korea **for good**.

  그는 영원히 한국에서 머무르고 싶어한다.

  《주의》 like와는 달리 feel like 다음엔 명사나 동명사만이 쓰인다.

1083

for nothing　　　공짜로, 무효로

- You can have this **for nothing**.

  공짜로 이것을 가질 수 있다.

  NOTE have nothing to do with 「~와 아무런 관계도 없다」

1084

for once　　　한번만

- I will pardon you for once.　한번만 너를 용서하겠다.

  NOTE for this once, just (for) this once 「이번에 한해서」

1085

for some reason or other　　　이런저런 이유로

- He could not attend the meeting **for some reason or other**. 그는 이런저런 이유로 회의에 참석할 수 없었다.

1086

from bad to worse　　　점점 더 악화되어

- The situation went **from bad to worse**.

  상황은 점점 악화되어 갔다.

  《주의》 what is worse = to make matters worse 「설상가상으로」는 문장 전체를 수식하는 부사구로 쓰인다.

1087

generally speaking　　　일반적으로 말해서

- **Generally speaking**, we eat more bread than before.

  일반적으로 말해서 우리는 예전보다 빵을 더 많이 먹는다.

  NOTE ~ing 형태로 이루어진 부사적 숙어들은 다음과 같다.

considering~ 「~을 고려하면」
frankly speaking 「솔직히 말하면」
granting that~ 「설사 ~라 할지라도, ~라고 치고」
judging from~ 「~으로 판단하건대」
providing that~ 「만약 ~이라면」

1088
in all　　　통털어, 모두 합해서

- The applicants are three hundred **in all**.
  지원자는 모두 300명이다.

1089
in all probability　　　십중팔구

|동의어| probably

- **In all probability** he will succeed in the examination.
  십중팔구 그는 시험에 합격할 것이다.

  NOTE probable이 possible보다 가능성이 더 큰 경우에 사용된다.

1090
in all respects　　　모든 점에서

- They resemble each other **in all respects**.
  그들은 모든 점에서 서로 닮았다.

《참고》 in some respects 「어떤 점에서」
　　　 in every respect 「모든 점에서」
　　　 in no respect 「전혀 ~ 아니다」

《주의》 respect의 단 · 복수형에 주의할 것.

1091
if anything　　　어느 편이냐 하면

- He is, **if anything**, a little better today.
  어느 편인가 하면, 그는 오늘 좀 나은 편이다.
- She is, **if anything**, taller than her mother.
  어느 편인가 하면 그녀는 어머니보다 키가 크다.

1092
in common 공통으로, 공동으로

- The two have hobbies **in common**.
  그 둘은 공통된 취미를 가지고 있다.
- They have nothing **in common** with each other.
  그들은 서로 공통된 것이 하나도 없다.

《참고》 out of (the) common 「비범한, 진귀한」

1093
in company 사람들 틈에서, 사람들 앞에서

- I don't like to be seen **in company**.
  나는 사람들 앞에 나서기를 좋아하지 않는다.

《참고》 in company with 「~와 함께」
　　　I would like to go abroad in company with them.
　　　나는 그들과 같이 외국에 나가고 싶다.

1094
in due course/time 때가 오면, 머지 않아

- If you work hard, you will be promoted **in due course**.
  열심히 일하면 머지 않아 승진하게 될 것이다.

1095
in earnest 진지하게, 본격적으로

|동의어| earnestly

- He is working **in earnest**. 그는 진지하게 일하고 있다.
- It began to rain **in earnest**. 비가 본격적으로 내리기 시작했다.

1096
in effect 실제로, 효력이 있는

|동의어| in force |반의어| of no effect (무효의, 무익한)

- **In effect** the situation is this. 사실상 상황은 이렇다.

* The law is still **in effect**. 그 법은 아직 효력이 있다.

《참고》 come into effect 「(새 법이) 발효되다」

1097

in haste 급히, 서둘러

|동의어| hastily

* He went upstairs **in haste**. 그는 급히 윗층으로 올라갔다.

《주의》 hastily의 철자에 주의가 필요하다.

1098

in itself 본래

* Diamond is hard **in itself**. 다이아몬드는 본래 단단하다.

1099

in no way 결코 ~않다

* You are **in no way** to blame.

너는 결코 비난받을 사람이 아니다.

《참고》 There's no way to prove that he was stealing.

그가 도둑질하고 있었다는 것을 증명할 방법은 없다.

1100

in one's place ~을 대신하여

* I'll go **in your place**. 내가 너를 대신하여 가겠다.

NOTE 「in place of + 사람」에서 「of +사람」이 소유격으로 변한 꼴이다.

1101

in practice 실제로

* This idea does not work **in practice**.

이 생각은 실제로 활용되지 않는다.

《참고》 be in practice 「(의사가) 개업하고 있다」

keep in practice 「끊임없이 연습하다」

1102

in reality 현실적으로, 사실은

|동의어| really |반의어| in name (이름만으로)

- He looks very kind but, **in reality**, he is not.

  그는 매우 친절해 보이지만 사실은 그렇지 않다.

  NOTE 「look + 형용사」 「~인 듯 보이다」는 외형적으로 그렇게 보인다는 뜻으로 실제로는 그렇지 않을 가능성이 있는 것을 암시한다.

1103

more and more　　점점 더

- That shop will become **more and more** prosperous.

  저 가게는 점점 더 번창할 것이다.

《참고》 much[still] more 「(긍정문에서) 하물며」

　　　　She can speak French, much more English.

　　　　그녀는 프랑스어 뿐아니라 하물며 영어도 말할 줄 안다.

1104

more or less　　다소간

- He is **more or less** excited.　그는 다소 흥분해 있다.

《참고》 much[still] less 「(부정 어구 뒤에서」 하물며 ~은 아니다」

　　　　I cannot part with the picture, much less destroy it.

　　　　나는 그 그림을 내놓을 수 조차 없는데 하물며 찢어버릴 수는 더욱 없다.

1105

next to　　(부정어 앞에서) 거의

- It is **next to** impossible to get tickets for the game.

  그 경기의 표를 구하는 것은 거의 불가능하다.

《참고》 next to nothing 「거의 없는」

1106

no doubt　　의심할 바 없이

- **No doubt** it is true.　의심할 바 없이 그것은 사실이다.

《참고》 doubt는 「~이 사실이 아닐지도 모른다」는 부정적인 의심이나 의혹을 뜻한다.

1107

no more than 단지 ～에 지나지 않는

|동의어| only

- I have **no more than** 5 dollars.

  나는 5달러 밖에 가지고 있지 않다.

  《주의》「no more A than B」는 「B가 ～아닌 것처럼 A도 ～아니다」라는
  뜻으로 not A any more than B로 바꾸어 쓸 수 있다.

  He is no more a poet than I am.

  내가 시인이 아닌 것처럼 그도 시인이 아니다.

1108

not to say ～라고 말할 수는 없어도

- It is very cool, **not to say** cold.

  춥다고는 말할 수 없어도 무척 서늘하다.

1109

now and then/again 때때로

|동의어| from time to time, sometimes

- We hear from our son **now and then**.

  우리는 때때로 아들로부터 소식을 듣는다.

  NOTE hear from 「～으로부터 듣다」

  hear of 「～에 관해 (소문을) 듣다」

1110

off hand 즉석에서, 아무런 준비 없이

- I'm sorry I can't answer your question **off hand**.

  즉석에서 당신 질문에 대답할 수 없어 죄송합니다.

  《참고》 out of hand 「즉시, 힘에 겨워」

1111

on and on 잇따라, 계속해서

- She talked **on and on** for two hours.

그녀는 두 시간 동안 계속해서 말했다.

《참고》 on and off 「이따금」

1112

on business　　　업무상, 사업차

- I am going to New York **on business**.

  나는 사업차 뉴욕에 갈 예정이다.

  NOTE 이때 전치사 on은 「한참 ~중의, ~상태로」란 뜻이다.

  a policeman on duty 근무중인 경찰

1113

on foot　　　걸어서

- He came **on foot** all the way to school.

  그는 줄곧 걸어서 학교에 왔다.

《참고》 by train, car, bicycle 「기차, 자동차, 자전거로」

　　　 by water, sea, air, rail 「수로, 해로, 공로, 철도로」

1114

on one's part　　　~쪽에서, ~편에서

- There is not any objection **on my part**.

  나로서는 아무런 이의가 없다.

1115

once upon a time　　　옛날에

- **Once upon a time** there lived a beautiful princess.

  옛날 옛적에 아름다운 공주가 살았다.

1116

one after another　　　번갈아, 차례로

|동의어| in turn

- **All his plans have failed one after another**.

  그의 모든 계획이 차례차례 실패로 돌아갔다.

- Planes took off **one after another**.

비행기들이 차례로 이륙했다.

《주의》세 개 이상의 것에 대해서 쓰이는 숙어이다.

1117

one by one 하나씩, 한 사람씩

- Will you please come to me **one by one**?

  한 사람씩 나에게 와주시겠습니까?

《참고》ten to one 「십중팔구」

1118

other things being equal 다른 조건이 같다면

- **Other things being equal**, I would like to live on the second floor, not on the first.

  다른 조건이 같다면, 나는 1층이 아니라 2층에서 살고 싶습니다.

  NOTE 이 숙어는 분사절의 조건절로 해석하면 된다.

1119

out of date 시대에 뒤떨어진

|반의어| up to date (현재까지, 최신의)

- They are useless and **out of date**.

  그것들은 쓸모없고 시대에 뒤떨어진 것이다.

  NOTE What's the date? 오늘은 며칠입니까?

  What day is it? 오늘은 무슨 요일입니까?

1120

over and over (again) 몇 번이고 되풀이해서

|동의어| repeatedly

- He read her letter **over and over again**.

  그는 몇 번이고 되풀이해서 그녀의 편지를 읽었다.

  NOTE 이때 again은 반드시 필요한 것은 아니다. over and over로도 충분하다.

1121

right away   당장

|동의어| at once

- Go home **right away**. 당장 집으로 가라.

1122

so far   지금까지

- How many words have we studied **so far**?

  지금까지 우리는 얼마나 많은 단어를 공부했느냐?

《참고》 so far as ~「~하는 한」 뒤에서는 언제나 절이 나온다.

1123

sooner or later   조만간

- **Sooner or later**, he will come here. 조만간 그는 올 것이다.

  NOTE 비교급이 아닌 soon or late로도 같은 의미를 나타낼 수 있다.

1124

strange to say   이상하게 들리겠지만

|동의어| strange as it may sound

- **Strange to say**, this is true.

  이상하게 들리겠지만, 이것은 사실이다.

1125

strictly speaking   엄밀하게 말해서

- **Strictly speaking**, this is not correct.

  엄밀하게 말해서 이것은 틀렸다.

1126

to all appearance(s)   어느모로 보나

- **To all appearance** he is healthy.

  어느모로 보나 그는 건강하다.

《참고》 at first appearance 「언뜻 보기에는」

1127

to be frank with you   솔직히 말해서

|동의어| frankly speaking

- **To be frank with you**, you are too thoughtless.

  솔직히 말해서 너는 너무 경솔하다.

  《주의》 독립 부정사라 일컬어지는 표현이다.

1128

to be sure   과연, 확실히

|동의어| surely

- He has a clever head, **to be sure**, but he has no heart.

  그는 확실히 머리가 영민하지만 인정이 없다.

1129

to do one justice   ～를 공평히 판단해 보건대

- **To do her justice**, she is a good-natured woman.

  그녀를 정당히 평가해보면, 성격이 좋은 여자이다.

  《주의》 독립 부정사가 아닌 경우로, do ~ justice = do justice to ~

  「~을 올바르게 평가하다」

1130

to make matters worse   설상가상으로

|동의어| what is worse

- **To make matters worse**, he fell ill.

  설상가상으로 그는 병까지 들었다.

  《주의》 이 숙어도 독립 부정사로 보면 된다.

1131

to one's advantage   ～에게 유리하게

- It has turned out to be **to my advantage**.

  결국 내게 유리하게 되었다.

  NOTE turn out to do = prove to do 「~임이 판명되다」

1132

to one's heart's content   마음껏, 만족할 때까지

- I ate **to my heart's content**. 나는 마음껏 먹었다.

1133

to/within one's knowledge   ~가 아는 한에서

- He hasn't come back, **to my knowledge**.

  = He hasn't come back so far as I know.

  내가 알기로는 그가 돌아오지 않았다.

1134 1135

to some extent   어느 정도까지는
to a certain extent

- **To some extent** you are right. 어느 정도까지는 네가 옳다.

《참고》 to a great [large] extent 「대부분, 크게」

        to the extent of + 명사 / to the extent that 절 「~까지」

1136

to start with   우선, 가장 먼저

|동의어| to begin with

- **To start with**, I must thank you for your coming.

  우선 와주신데 대해 여러분께 감사드립니다.

1137

to tell the truth   실은, 사실을 말하자면

|동의어| truth to tell

- **To tell the truth**, I have no money with me.

  솔직히 나는 돈이 없다.

1138

under a lucky star   행운의 별 아래에서

- He was born **under a lucky star**.

  그는 행운의 별을 타고 태어났다.

《참고》 thank one's lucky star 「운명에 감사하다」

1139
under one's breath   작은 소리로

|반의어| above one's breath (소리 내어)

- He spoke to me **under his breath.**
  그는 작은 소리로 나에게 말했다.
  (NOTE) 전치사 under 대신에 below를 사용해도 된다.

1140
upon my word   맹세코

|동의어| my word upon it

- **Upon my word, he is reliable.** 맹세코 그는 믿을 수 있다.
《주의》 이때 my는 언제나 화자를 가리키므로 인칭의 변화가 없다.

1141
up to date   현재까지, 최신의

|반의어| out of date (시대에 뒤진)

- He has not written to us **up to date.**
  그는 최근까지 우리에게 편지를 보내지 않았다.
  (NOTE) 명사 date 앞에 아무런 관사도 쓰이지 않음에 주의할 것.

1142
upside down   뒤집어

- He turned the table **upside down.**
  그는 테이블을 거꾸로 뒤집었다.

1143
weather permitting   날씨가 허락한다면

- **Weather permitting,** let's go for a hiking.
  날씨가 허락하면 하이킹을 갑시다.
《주의》 독립분사구문으로 보아도 충분하다. 물론 이때 동사 permit는
        자동사로 보아야 한다.

NOTE as far as ~ permit 「~이 허락하는 한」

1144
with a will　　　　진심으로, 의도적으로

- He threw a stone at the bird **with a will**.
  그는 의도적으로 그 새에게 돌을 던졌다.
《참고》 against one's will 「본의 아니게」
　　　　at (one's) will 「마음 내키는대로」

1145
with pleasure　　　　기꺼이

- I accepted his invitation **with pleasure**.
  나는 기꺼이 그의 초대를 받아들였다.
《참고》 have (a) pleasure in + 동명사 「기꺼이 ~하다」

1146
within one's means　　　분수에 맞게

- He lived **within his means**.　그는 분수에 맞게 살았다.
《주의》 means가 복수로 취급되면 「재산, 수입」이란 뜻을 갖는다.

1147
without exception　　　예외 없이

- They are guilty **without exception**.
  그들은 예외 없이 유죄이다.
《참고》 without fail 「틀림 없이(=surely)」
　　　　I'll be there **without fail**. 나는 틀림 없이 거기에 있을 것이다.

✳ speak ill of의 수동태?

He speaks ill of her. (그는 그녀를 험담한다.)의 수동태는 She is ill spoken of by him이다. 즉 speak ill of를 take advantage of처럼 하나의 동사로 보아 spoken ill of로 하지 않는다는 것이다.

이런 차이를 이해하기 위해서는 ill의 기능을 우선 파악할 수 있어야 한다. 우선은 ill은 부사로 기능하고 있다. 이런 정도나 양태를 표현하는 부사는 과거분사를 수식할 수 있고, 따라서 수식하는 과거분사의 앞에 위치하는 것이 원칙이다.

다른 예로 speak well of, speak highly of의 경우도 마찬가지이다.

- Bill spoke highly of John. (빌은 존을 칭찬했다.)
⇒ John was highly spoken of by Bill.

이런 원칙은 정도나 양태를 나타내는 부사에 한정된다는 점을 기억하고 있어야 한다. 다음 예에서 보듯이 do away with에서 away도 부사지만 과거분사를 수식하기보다는 마치 do away with가 하나의 동사처럼 한꺼번에 움직이고 있다.

- He has done away with the bad habit.
  (그는 나쁜 습관을 버렸다.)
⇒ The bad habit was done away with by him.

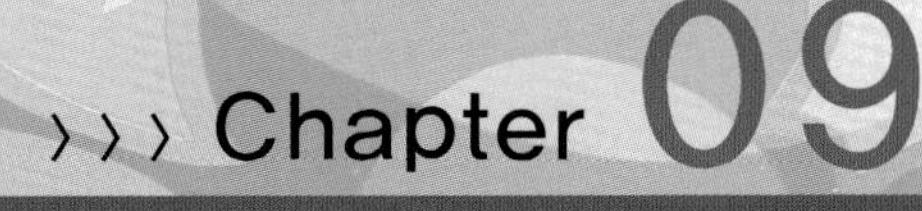

Chapter 09

관사와 전치사에 주의해야 할 숙어

❖ A debt.

"If my doctor saw me with this steak and champagne he would get very angry."
"Why? Are you on a diet or something?"
"No, I owe him $500."

❖ 빚

"내가 이렇게 스테이크를 먹고 샴페인을 마시는 걸 의사가 보면 몹시 화를 낼 거야."
"왜, 다이어트 같은 거라도 하고 있니?"
"아니, 그 의사한테 500달러 줄 게 있거든."

1148

a bit of　　　　　　약간의, 소량의

- I have **a bit of** land. 나는 약간의 땅을 가지고 있다.

《참고》 a bit = a shade 「약간」

《주의》 주로 양의 개념에 쓰인다.

1149

a cloud of　　　　　구름같이 많은, 무수히 많은

- **A cloud of** locusts destroyed the crops.

  수많은 메뚜기들이 농작물을 망쳐버렸다.

《참고》 a cloud of dust 「자욱한 먼지」

《주의》 뒤에 오는 명사에 따라서 단 · 복수가 결정된다.

1150

a couple of　　　　　한 쌍의

- I am going to stay here for **a couple of** days.

  나는 이틀간 여기서 머물 예정이다.

1151

a host of　　　　　　다수의

- They were faced with **a host of** difficulties.

  그들은 많은 어려움에 직면했었다.

《주의》 주로 복수명사가 뒤에 온다.

1152

a large number of　　　다수의, 많은

- **A large number of** soldiers were killed in the battle.

  그 전투에서 많은 군인들이 전사했다.

《주의》 뒤에 복수명사가 오며 복수취급을 받는다. 이에 대립되는 양을
　　　　표현하는 숙어는 a good deal of~

1153

a loaf of　　　　　　한 덩어리의

- He didn't give me even **a loaf of** bread.

  그는 나에게 빵 한 조각 주지 않았다.

  《주의》 복수형은 two loaves of bread 「두 덩어리의 빵」

1154

a lump of　　　　한 덩어리의

- Will you put **a lump of** sugar in my coffee?

  내 커피에 각설탕 한 덩어리를 넣어주시겠습니까?

  NOTE all of a lump 「한 덩어리가 되어, 통틀어」

  　　　　a lump of clay 「한 덩어리의 흙, 인간」

1155

a multitude of　　　　다수의, 많은

- I know **a multitude of** people in China.

  나는 중국 사람을 많이 알고 있다.

1156

a pair of　　　　한 쌍의

- I'll buy you **a pair of** shoes.　너에게 신발 한 켤레를 사주겠다.

  《주의》 a pair of ~는 단수취급을 받으며, 복수가 되기 위해서는 two
  　　　　pairs of shoes 등으로 쓴다.

1157

a particle of　　　　극소량의

- She doesn't have **a particle of** kindness.

  그녀는 친절함이 조금도 없다.

  《참고》 not a particle of evidence 「티끌만한 증거도 없는」

1158

a piece of　　　　한 개의, 한 조각의

- He gave me **a piece of** bread.　그는 내게 빵 한 조각을 주었다.

  《참고》 a piece of chalk 「분필 하나」

  　　　　a piece of furniture 「가구 한 점」

1159

a quantity of   많은

- He gave me **a large quantity of** potatoes.

  그는 내게 많은 감자를 주었다.

《참고》 quantities of money 「많은 돈」처럼 복수형이 쓰이기도 한다.

1160

a range of   일련의

- We saw **a range of** beautiful mountains.

  우리는 일렬로 늘어선 아름다운 산들을 보았다.

《참고》 within the range of 「~의 손에 미치는, ~가 할 수 있는」

1161

a school of   (물고기 등의) ~떼

- We saw **a school of** sardines swimming.

  우리는 정어리 떼가 헤엄치는 것을 보았다.

《참고》 a flock of 「(양, 새 등의) ~떼, 무리」

1162

a series of   일련의, 연속된

- I met with **a series of** misfortunes.

  나는 계속되는 불운을 겪었다.

《주의》 series는 언제나 복수형으로 쓰이지만 단수취급을 받는 명사
   이다.

1163

a sort of   일종의

|동의어| a kind of

- The tulip is **a sort of** grass. 튤립은 풀의 일종이다.

《주의》 뒤에는 무관사 단수 명사가 오는 것이 원칙이다.

1164

a spoonful of   한 숟가락 정도의

- Put **a spoonful of** sugar in my coffee, please.

  내 커피에 한 숟가락 정도의 설탕을 넣어주십시오.

  《주의》 뒤에는 양을 나타내는 물질명사가 쓰인다.

1165
a touch of ~기, 조금

- This soup wants **a touch of** salt.

  이 수프에는 소금기가 조금 모자란다. (조금 싱겁다.)

  《주의》 뒤에는 셀 수 없는 명사가 온다.

1166
a world of 무수한, 산더미 같은

- I have **a world of** letters to answer.

  나는 답장해야 할 편지가 엄청나게 많다.

  《주의》 뒤에는 주로 복수형의 명사가 온다.

1167
an amount of 많은

- We did **an amount of** work. 우리는 많은 일을 했다.

  《참고》 any amount of 「매우 많은, 아무리 많은 ~라도」

1168
an armful of 한아름의

- He bought **an armful of** books at a bookstore.

  그는 서점에서 한아름의 책을 샀다.

  《참고》 an armful of wood 「한아름의 장작」

1169
above all 무엇보다도

- **Above all**, take care of yourself. 무엇보다도 몸조심 해라.

  《주의》 care를 중심으로 숙어의 뜻을 분명히 구분해 두어야 한다.

  take care of 「~을 보살피다」

  care about 「~을 염려하다」

care for 「~을 원하다, ~을 돌보다」

1170

above one's understanding　　이해할 수 없는

- His new theory is **above my understanding**.
  그의 새 이론은 내가 이해할 수 있는 범위를 넘어선다.

1171

after a while　　잠시 후

- We began to work **after a while**.
  우리는 잠시 후 일하기 시작했다.

《참고》 이때 while는 명사로 「잠시, 동안」이라는 의미를 갖는다.

1172

against a rainy day　　만약을 대비해서

- You must save some extra money **against a rainy day**.
  너는 만약을 대비해 여윳돈을 준비해 두어야만 한다.

1173

as a matter of course　　당연한 것으로

- **As a matter of course**, the diligent student succeeded in
  the examination.　당연히 그 부지런한 학생은 시험에 합격했다.

《참고》 a matter of course 「당연한 일」

1174

as a matter of fact　　사실상

- **As a matter of fact**, he knows nothing about it.
  사실 그는 그것에 대해 아무 것도 모른다.

NOTE no matter what [when] 「무엇이[언제] ~한다 할지라도」

1175

as a result of　　～의 결과로

- He was injured **as a result of** a boiler explosion.
  그는 보일러 폭발로 인해 부상당했다.

《참고》 in result 「그 결과」

in the result 「결국」

1176
as a rule   대개, 일반적으로

|동의어| generally

• He gets up at six **as a rule**. 대개 그는 여섯시에 일어난다.

《참고》 as a whole 「전체로, 총괄하여」

1177
at a blow   일격에

• I knocked him down **at a blow**. 나는 그를 일격에 때려눕혔다.

NOTE knock down ~ 「~을 때려눕히다」

1178
at a breath   단숨에

• I have read the novel **at a breath**.
나는 그 소설을 단숨에 읽었다.

1179
at a loss   어쩔줄 몰라서, 손해를 보고

• I was quite **at a loss** for words.
나는 무슨 말을 해야할 지 상당히 당황했다.

• I was **at a loss** what to do. 나는 어쩔 줄 몰랐다.

• He sold it **at a loss**. 그는 손해를 보고 그것을 팔았다.

1180
at a standstill   정지 상태에 있는

• Our project is **at a standstill**. 우리 계획은 중단 상태에 있다.

《참고》 come to a standstill 「멈추다, 막히다」

1181
at a touch   닿기만 해도

- The soap bubble bursts **at a touch**.

  비누방울은 닿기만 해도 터진다.

  《참고》 bring in touch with 「~와 접촉시키다」

1182

at a venture　　　　운에 맡기고, 닥치는 대로

|동의어| at random

- He reads books **at a venture**.　그는 닥치는 대로 책을 읽는다.

  《참고》 ready for any venture 「어떤 위험도 불사하는」

1183

at any moment　　　　언제든지

- Our customers may come **at any moment**.

  우리 고객은 언제라도 올 수 있습니다.

  《참고》 for the moment 「우선, 당장은」

  　　　　for a moment 「잠깐 동안, (부정문에서) 조금도」

1184

at full length　　　　상세히

|동의어| in detail

- He explained it **at full length**.　그는 상세히 그것을 설명했다.

  《참고》 at length 「상세히, 드디어(=at last)」

  　　　　At length they arrived at Rome.

  　　　　마침내 그들은 로마에 도착했다.

1185

at latest　　　　늦어도

- You must be back by six **at latest**.

  늦어도 6시까지는 돌아와야 한다.

  《주의》 정관사 the를 덧붙여, at the latest로 사용할 수 있다.

1186

at least　　　　적어도

- It will take **at least** a year to write this book.

  이 책을 쓰는데는 적어도 일년이 걸릴 것이다.

  《주의》 정관사 the를 덧붙여 at the least로 쓸 수도 있다.

1187

at once   즉시, 동시에

- Do it **at once**. 즉시 그것을 해라.
- Don't do two things **at once**. 동시에 두 가지 일을 하지 마라.

NOTE at once A and B 「A하기도 하고 B하기도 한 (=both A and B)」

  This book is at once interesting and profitable.

  이 책은 재미도 있고 유익하기도 하다.

1188

at one's command   ～의 마음대로, ～의 명령에 의해

- The money is **at his command**.

  그 돈은 그가 마음대로 쓸 수 있다.

  《참고》 at command 「자유롭게 쓸 수 있는」

1189

at one's convenience   형편 되는 대로, 편리한 때에

- You may come **at your convenience**.

  당신이 편리한 때 오십시오.

  《참고》 at one's early convenience 「형편 되는 대로 빨리」

1190

at one's cost   ～의 희생으로, ～에게 손해를 끼치어

- I won't make money **at your cost**.

  너에게 손해를 주면서까지 돈을 벌지는 않겠다.

NOTE at any cost = at all costs = by all means 「어떻게 해서든지」

  Finish it today at any cost. 어떻게든 그것을 오늘 끝내라.

1191

at one's disposal   ～의 마음대로, ～의 뜻대로

- I have all the money **at my disposal**.

  나는 이 돈을 모두 내 마음대로 쓸 수 있다.

  《참고》 at one's pleasure 「하고 싶은대로」

  You may come or go at your pleasure.

  가든지 오든지 당신 마음대로 하십시오.

1192

at one's mercy　　　～의 마음대로, ～에 좌우되어

- I was quite **at his mercy**.　나는 완전히 그의 처분만 바랄 뿐이다

《참고》 for mercy, for mercy's sake 「제발, 불쌍히 여겨서」

1193

at one's request　　　～의 요구에 의하여

- We did it **at his request**.　우리는 그의 요구에 따라 그것을 했다.

《참고》 at the urgent request of 「～의 간청에 의하여」

1194

at one's service　　　～원하는 대로

- They placed the whole house **at our service**.

  그들은 집 전체를 우리가 원하는대로 쓰도록 했다.

- I'm **at your service**.　분부만 하십시오.

1195

at one's will　　　～의 마음대로

- You can study or sleep **at your will**.

  공부를 하든지 잠을 자든지 네 마음대로 해라.

1196

at one's wits' end　　　어찌할 바를 몰라

- I was **at my wits' end** to find the way.

  나는 길을 찾지 못해 어찌할 바를 몰랐다.

  NOTE 여기에서 wits는 복수로 「지혜」라는 뜻이다. 즉 지혜의 끝에 있으
  니 어쩔 줄 모르는 수밖에 없지 않은가.

at present 현재, 지금

|동의어| now

- I am very busy **at present**. = I am (as) busy as a bee now.
  나는 지금 매우 바쁘다.
《참고》 up to the present 「오늘에 이르기까지」

at school 재학 중, 수업 중

- He is **at school** in Seoul. 그는 서울에서 학교에 다니고 있다.
  NOTE 반대말로는 out of school 「졸업하여」가 있다.

at sea 항해 중인

- His ship is **at sea** now. 그의 배는 지금 항해중이다.
  NOTE go to sea 「선원이 되다, 출항하다」
  go to the sea 「해안으로 가다」

at the mercy of ~의 마음대로, ~에 좌우되어

- Our yacht was **at the mercy of** the waves.
  우리 요트는 파도에 내맡겨졌다.
《주의》 「of+명사」에서 명사가 대명사로 나타날 경우 at one's mercy가
  된다.

at (the) most 많아야, 기껏해야

- I can pay you 5 dollars **at the most**.
  나는 많아야 5달러를 네게 지불할 수 있다.
  NOTE ⟨at + 최상급⟩의 표현.
  at best 「기껏해야, 전성기에」
  at least 「적어도」

at worst 「최악의 경우」

at latest 「늦어도」

1202
at the outset　　　최초에, 처음에

- Go slowly **at the outset**. 처음에는 천천히 가거라.

《참고》 from the outset 「처음부터」

1203
at the same time　　　동시에

|동의어| at once

- They started **at the same time**. 그들은 동시에 출발했다.

1204
at the start　　　처음에는

- It was difficult **at the start**. 처음에는 어려웠다.

《참고》 from start to finish 「처음부터 끝까지, 철두 철미하게」

1205
at work　　　작업 중인

- I was **at work** till late at night.

　나는 밤 늦게까지 일하고 있었다.

NOTE out of work 「실업 상태인, 고장이 나서」

　The washing machine is out of work. 세탁기가 고장났다.

1206
behind the scenes　　　막후에서, 남몰래

- They have already reached a decision **behind the scenes**.

　그들은 막후에서 이미 결정을 내렸다.

《주의》 scenes로 복수가 쓰였다.

《참고》 behind one's back 「~의 등 뒤에서, ~가 없는데서」

　Don't speak ill of others behind their backs.

　사람이 없는데서 그들을 헐뜯지 마라.

beneath one's notice   보잘 것 없는, ∼의 주목을 끌지 못하는

- Although she is pretty, she is **beneath your notice**.
  그녀가 비록 예쁘기는 하지만 네 관심을 끌지는 못하는구나.
《참고》 at a moment's notice 「그 자리에서, 즉각」

beside oneself with   ∼로 제정신을 잃고, 흥분하여

- He was **beside himself with** joy.
  그는 기뻐서 제정신이 아니었다.
《주의》 이때 beside는 전치사로 「∼을 벗어난(=apart from)」이란 뜻이
  된다.

beside the point   요점을 벗어난

- Your argument is **beside the point**.
  네 주장은 요점을 벗어난 것이다.
《참고》 beside the question 「문제를 벗어난」

beyond comparison   비길 데 없는

- The scenery in Sydney is **beyond comparison**.
  시드니의 경치는 비길 데 없이 아름답다.
《참고》 beyond description 「표현할 수 없는」
  beyond words 「말로 표현할 수 없는」

beyond doubt   의심할 바 없이, 물론

|동의어| do doubt

- He will join us **beyond doubt**.
  그는 틀림없이 우리와 합류할 것이다.
《참고》 beyond belief 「믿을 수 없는」

1212

beyond one's control　　～의 통제력을 넘어서는

- The fire was **beyond our control.**
  = We could not control the fire.　그 불은 우리가 손 쓸 수 없었다.

1213

beyond one's means　　분수를 넘어서

- He lives **beyond his means.**　그는 분수에 넘치게 산다.

1214

beyond praise　　이루 다 칭찬할 수 없을 만큼

- His contribution to world peace is **beyond praise.**
  그의 세계 평화에 대한 기여는 이루 다 칭찬할 수 없다.

《참고》 beyond measure 「측정할 수 없는, 대단한」

1215

by a hair's breadth　　가까스로, 아슬아슬하게

- I escaped death **by a hair's breadth.**
  나는 가까스로 죽음을 모면했다.

《주의》 breadth는 「폭」이란 뜻으로 총알이 머리카락 정도의 폭을 두고
　　　내 옆을 지나갔다고 생각한다면 여간 아슬아슬한 것이 아니다.

1216

by the dozen　　12개 단위로

|동의어| by dozens

- They sell eggs **by the dozen.**　달걀은 12개 단위로 판다.

NOTE 이때 by는 단위를 나타내는 전치사이다. 다음의 계속되는 숙어에
　　　서 전치사 by는 모두 같은 개념이다.

1217

by the hour　　시간당

- I work **by the hour.**　나는 시간제로 일한다.

《참고》 by the month 「한달 단위로」

by month 「매월」

1218
by the pound　　　파운드당

- They sell meat **by the pound**.　고기는 파운드 단위로 팔린다.

《참고》 work by the day 「일당제」

1219
by the way　　　그런데

- **By the way**, were you over there that night?

  그런데 그날 밤 당신은 거기에 있었습니까?

《참고》 by the root(s) 「뿌리채」

　　　They pulled the fence out by the roots.

　　　그들은 울타리를 송두리째 뽑아버렸다.

1220
by the yard　　　야드 단위로

- They sell cotton cloth **by the yard**.

  = Cotton cloth is sold by the yard.　면은 야드 단위로 팔린다.

1221
for a certainty　　　확실히

|동의어| certainly

- He was killed in the accident; I know it **for a certainty**.

  그는 사고로 죽었다. 그것은 틀림없는 사실이다.

1222
for a change　　　기분전환을 위해

- Let's take a walk **for a change**.　기분전환을 위해 산책을 하자.

1223　1224
for example
for instance　　　예를 들어

- Think of your reading, **for example**.

예를 들어, 네가 하는 독서를 생각해보아라.

- I like every kind of sport; baseball, soccer, **for example**.

  나는 모든 종류의 스포츠를 좋아한다. 예를 들어, 야구, 축구같은 것이다.

《참고》 as an example 「한 가지 예를 들면」

1225

for one thing~ ,	한 가지는~, [우선 한 가지 예를
for another~	들면~], 게다가~

- **For one thing** I don't have money, **for another** I am too

  old. 우선 나는 돈이 없다. 게다가 또 너무 늙었다.

《주의》 It is one thing to promise, and another to perform.

  약속하는 것과 실행하는 것은 별개의 문제이다.

1226

for one's life　　　　필사적으로

- He ran away **for his life** from a burglar.

  그는 강도에게서 필사적으로 도망쳤다.

NOTE run away 「달아나다」

1227

for one's part　　　　～로서는

- **For my part** I know nothing about it.

  = As for me, I know nothing about it.

  나로서는 그것에 대해 아무것도 모른다.

1228

for the asking　　　　청구하는대로, 부탁하면 곧

- You may have these books **for the asking**.

  너는 부탁하면 곧 이 책들을 받을 수 있다.

《참고》 ask for~ 「~을 청구하다, 부탁하다」

　　　　He asks for you. 그는 당신을 만나기를 원합니다.

　　　　He asked me for some money.

　　　　그가 나에게 약간의 돈을 부탁했다.

1229

for the life of me   아무리 해도 (〜아니다)

- I can't, **for the life of me**, remember what his name is.

  아무리 해도 그의 이름이 무엇인지 생각나지 않는다.

  《주의》 보통 부정문에서 사용되는 숙어이다.

1230

for the most part   대체로, 거의

|동의어| mostly

- **For the most part**, we drove a car slowly.

  우리는 대체로 천천히 차를 몰았다.

1231

for the present   현재로서는, 당분간

|동의어| for the time being

- **This will be enough for the present**.

  당분간 이것으로 충분할 것이다.

- I'll stay here **for the present**. 현재로서는 여기에 머물겠다.

1232

for the rest   그밖에는

- **For the rest** it is all right. 그외에는 괜찮다.

  《참고》 as to the rest 「그밖의 일이라면」

1233

from a distance   멀리서

- We had a visitor **from a distance**.

  우리는 멀리서 온 방문객을 맞았다.

  《참고》 at a distance 「얼마간 떨어져서」

1234

from ~ point of view   〜의 관점에서 보면

- This plan is absurd **from** a practical **point of view**.

이 계획은 실질적 관점에서 보면 불합리하다.

1235

from time to time   때때로, 종종

- He falls ill **from time to time**. 그는 때때로 병에 걸린다.

  = He is often taken ill.

《참고》 from place to place 「이리저리로」

At first the rules of baseball were different from place to place. 처음에 야구규칙은 장소에 따라 달랐다.

1236

(go) for a walk   산책하다

- I feel like **going for a walk** on such a lovely day.

  이렇게 화창한 날에는 산책하러 가고 싶다.

《주의》〈관사의 위치〉

① what, such, quite+a+형용사+명사 :

What a nice day it is! 얼마나 좋은 날씨냐!

② too, as, so+형용사+a+명사 :

It is too difficult a book for her.

이 책은 그녀에게 너무 어려운 책이다.

1237

(go) on an errand   심부름 가다

- He used to **go on an errand**. 그는 심부름을 가곤 했다.

《참고》 go on an errand of 「~용건이 있어 가다」

[NOTE] 일반적으로 「심부름가다」는 전치사 on을 생략하는 경우가 많다. 따라서 대부분의 경우 go on an errand는 「용건을 띠고 가다」는 뜻으로 받아들여진다.

1238

hundreds of   수백 개의~, 많은

- I caught sight of **hundreds of** birds.

  나는 수백 마리의 새들을 보았다.

1239

in a body
한 덩어리가 되어, 일단이 되어

- The Cabinet resigned **in a body**. 내각은 총사퇴를 했다.

《참고》 in a circle 「원형을 이루어, 순환논법으로」

1240

in a fright
깜짝 놀라서

- I couldn't speak a word **in a fright**.
  나는 놀라서 한 마디도 할 수 없었다.

NOTE give one a fright 「~을 놀라게 만들다(=frighten)」
take fright at 「~에 놀라다(=be frightened at)」

1241

in a great measure
대부분, 상당히

|동의어| to a great extent

- He is, **in a great measure**, responsible for it.
  그는 상당 부분 그것에 대해 책임이 있다.

《참고》 in a measure 「다소, 얼마간」

1242

in a hurry
서둘러

|동의어| in haste

- Everybody is **in a hurry**. 모두가 서두르고 있다.

《주의》 haste에는 관사가 없고, hurry에는 관사가 붙는다.
She left in great haste. 그녀는 몹시 서둘러 떠났다.

1243

in a passion
화가 나서

|동의어| in anger

- He talked loudly **in a passion**. 그는 화가 나서 큰소리로 말했다.

《주의》 passion과 anger에서 관사의 유무에 주의할 것.

in a row　　　　　한줄로, 잇따라

- There are five houses **in a row**.
  다섯 채의 집이 나란히 서 있다.

1245

in a sense　　　　　어떤 의미에서

|동의어| in some sense

- What he said is, **in a sense**, true.
  그가 말한 것은 어떤 의미에서는 사실이다.

《참고》 in all sense 「모든 점에서」

1246

in a way　　　　　어떤 점에서는, 어느 정도

- He is right **in a way**.　어떤 점에선 그가 옳다.

NOTE 〈way를 중심으로 한 숙어들〉
  all the way 「~내내」
  by the way 「그런데」
  by way of 「~을 경유하여, ~의 대신으로」
  in no way 「조금도 ~않다」
  in some way 「어떻게 해서든지」
  in the way 「방해가 되어」
  on one's way 「도중에」
  under way 「진행중에, 항해중에」

1247

in an emergency　　　　　비상시에는

|동의어| in case of emergency

- **In an emergency**, we need to act with composure.
  비상시에는 침착하게 행동할 필요가 있다.

《참고》 emergency brake 「(자동차의) 사이드 브레이크」

1248

in detail 상세히, 자세하게

- I explained the matter in detail.

  나는 그 문제를 상세히 설명했다.

《참고》detail by detail「하나하나 상세하게」

1249

in fact 사실상

|동의어| as a matter of fact

- He is, in fact, a dishonest man. 사실 그는 부정직한 사람이다.

1250

in one's opinion ～의 견해로는

|동의어| in the opinion of

- In my opinion you are right. = I think that you are right.

  내 생각으로는 네가 옳다.

《참고》act up to one's opinion「소신껏 행동하다」

1251

in one's turn ～의 차례가 되어

- Please sing, each in your turn.

  한 사람씩 차례가 되면 노래하십시오.

《참고》in turn「번갈아, 차례차례」

1252

in other words 달리 말하면

- In other words, he is a hero. 바꾸어 말하면 그는 영웅이다.

《참고》in a word「한 마디로 말하면」

   in a few words「간단히 말하면」

1253

in part 일부분은, 부분적으로

|동의어| partly

- What he said is, **in part**, quite true.

  그가 말한 것의 일부분은 사실이다.

《주의》 in parts 「일부분씩, 나누어」

1254

in person　　　　　　몸소, 그 사람 자신이

- You must explain it to him **in person**.

  당신은 몸소 그것을 그에게 설명해야만 한다.
- She looks better **in person** than on the screen.

  그녀는 화면에서 보다 실제 인물이 더 나아 보인다.

《참고》 in one's own person이 쓰일 수도 있다.

1255

in short　　　　　　요약하면

|동의어| in brief

- **In short**, I don't think we can do it.

  요약하면 우리가 그 일을 할 수 있을 거라고는 생각하지 않는다.
- The man, **in short**, is not to be trusted.

  요약하면 그 남자는 믿을 사람이 못된다.

《참고》 to be short 「요컨대, 간단히 말하면」

　　　　 = to put it shortly

1256

in the act of + 동명사　　　～하는 도중에

- He was cought **in the act of stealing**.

  그는 도둑질하다 붙잡혔다.

NOTE act는 일회성의 순간적인 행위를 가리키며, action은 어느 기간에
걸친 여러 번의 행위를 뜻한다.

1257

in the dark　　　　　　어둠 속에서

- I was left alone **in the dark**.　나는 어둠 속에 혼자 남겨졌다.

《참고》 at dark 「해질 무렵에」

1258
in (the) future   장래에, 앞으로

- Nobody knows what will happen **in the future**.
  앞으로 무슨 일이 일어날지 아무도 모른다.

《참고》in the near future. 「가까운 장래에」

1259
in the long run   결국, 마침내

|동의어| in the end

- Honesty will pay **in the long run**.
  정직은 결국 보상받을 것이다.
- My brother will succeed **in the long run**.
  내 형은 결국엔 성공할 것이다.

《참고》in the short run 「단기적인 관점에서 보면」

1260
in the making   제작 중인

- There are many other films **in the making**.
  많은 다른 영화들이 제작 중에 있다.
- He is a doctor **in the making**.
  그는 지금 수련의이다.

1261
in the matter of   ～에 관해서는

- I want to be strict **in the matter of** money.
  나는 돈에 관해서는 엄격하고 싶다.

1262
in trouble   어려움에 처한, 곤란한

- He is kind to everyone **in trouble**.
  그는 곤란에 처한 모든 사람들에게 친절하다.

《참고》get one out of trouble 「～을 곤경에서 구하다」

1263

in vain 헛되이

|동의어| without success

- I tried **in vain**. 노력했지만 허사였다.
- I tried **in vain** to break myself of this bad habit.

  이 나쁜 버릇을 없애려 노력했지만 헛수고였다.

《참고》 in vain이 문중에 쓰이더라도, 우리 말로 해석할 때에는 위의 해

석처럼 가장 나중에 하는 것이 좋다.

1264

not in the least 조금도 ~않다

- I am **not in the least** tired. 나는 조금도 피곤하지 않다.

《참고》 least는 little의 최상급이다.

1265

of a kind 같은 종류의, 신통치 않은

|동의어| of a sort

- One animal does not attack another **of a kind**.

  같은 종류의 동물끼리는 서로 공격하지 않는다.
- He is a writer **of a kind**. 그는 별볼일 없는 작가이다.

《참고》 이때 부정관사는 「same(같은)」이란 뜻으로 사용된 것이다.

1266

of a size 같은 크기의

- Their hats are both **of a size.** 그들의 모자는 같은 사이즈이다.

《참고》 They are of an age. 그들은 동갑내기다.

1267

of great importance 매우 중요한

|동의어| very important |반의어| of little importance (거의 가치가 없는)

- It is a matter **of great importance**.

  그것은 무척 중요한 일이다.

NOTE of + 추상명사 → 형용사

1268

on a large scale   대규모로

|반의어| on a small scale (소규모로)

- They advertised the film **on a large scale**.
  그들은 그 영화를 대대적으로 선전했다.

NOTE 일반적으로 형용사 large는 구체적인 명사와 더불어 쓰인다. 따라서 이때 scale을 「눈금」이라는 뜻으로 이해하면 추상적인 개념과 더불어 쓰이는 great가 아닌 large와 함께 쓰인 이유를 알 수 있다.

1269

on an average / on the average   평균적으로

- Traffic accidents happen, **on an average**, ten times a day.
  평균적으로 교통사고가 하루에 열건 정도 일어난다.

《주의》 관사없이 on average가 쓰이기도 한다.

1270

on fire   화재가 난, 흥분한

- The house was already **on fire** when I got there.
  내가 도착했을 때에는 이미 그집은 불타고 있었다.

《참고》 full of fire 「활기에 차서」

1271

on the decline   기울어져, 쇠퇴하여

- His prosperity is **on the decline**. 그의 운세는 내리막이다.

《참고》 go[fall] into a decline 「쇠퇴하다」

1272

on the increase   증가하고 있는

|반의어| on the decrease (줄어들고 있는)

- The number of cars in our country is **on the increase**.
  우리나라의 자동차 수는 증가일로에 있다.

on the outskirts of　　～의 변두리에

- He lives **on the outskirts of** a town.

  그는 변두리에 살고 있다.

《주의》 outskirts는 항상 복수형으로 쓰이는 명사이다.

(be) on the point of + 동명사　　막 ～하려고 하다

- He **was on the point of leaving** when I got there.

  = He was about to leave when I got there.

  내가 거기에 도착했을 때 그는 막 떠나려 하고 있었다.

NOTE 가까운 미래를 표현하는 방법이다.

on the sly　　은밀히, 남몰래

- I made arrangements with him **on the sly**.

  나는 아무도 몰래 그와 타협을 했다.

NOTE 이때 전치사 on은 「～의 상태」를 나타내는 의미를 갖는다.

on the spot　　즉석에서

- He suddenly fell down and died **on the spot**.

  그는 갑자기 쓰러져 그 자리에서 죽었다.

NOTE price on the spot 「현물시세」

(be) on the watch for　　～을 조심하다, 기다리고 있다

- He **was on the watch** all night **for** fire.

  그는 밤새도록 화재 경계를 섰다.

- He **is on the watch for** his father.

  그는 아버지가 오시는 것을 기다리고 있다.

《참고》 be on watch 「당직이다」

　　　　be off watch 「비번이다」

1278

over/on the radio 라디오로

- I was listening to the song **over the radio**.

  나는 라디오로 그 노래를 듣고 있었다.

《참고》 by radio 「무전으로」

1279

plenty of 풍부한, 많은

- There is **plenty of** time. 시간은 충분하다.

1280

quite a few 꽤 많은

- We found the lounge crowded with **quite a few** guests.

  휴게실은 꽤 많은 손님들로 붐비고 있었다.

《주의》 quite+a+명사 「제법 ~인, 꽤 ~인」

　　　　She is quite a lady. (신분에 어울리지 않게) 제법 귀부인같다.

1281

(read) between the lines 행간을 읽다, 숨은 뜻을 알다

- **Reading between the lines**, you will know she loves you.

  행간을 읽으면 그녀가 너를 사랑한다는 것을 알게 될 것이다.

NOTE 〈between과 among의 차이〉

　　　　서로 분리된 것의 사이를 표한할 때는 between, 분리되지 않고 하나
　　　　의 덩어리로 여겨지는 것의 관계를 표현할 때는 among을 쓴다.
　　　　His house is hidden among the trees.
　　　　그의 집은 나무 사이에 가려져 있다.

1282

to a day 하루도 빠짐 없이, 꼬박

- It has been five years **to a day** since we got married.

  우리가 결혼한지 꼬박 5년이 되었다.

《참고》 to date 「지금까지」

　　　　He has done a good job to date. 그는 지금까지 일을 잘 해왔다.

1283

to a degree 다소, 꽤

|동의어| to a certain degree

- He is proud **to a degree**. 그는 꽤 거만하다.

《참고》 in a degree 「조금은」

1284

to a finish 끝까지

- He likes to do anything **to a finish**.
  그는 무슨 일이든 끝까지 하기를 좋아하다.

NOTE fight to a finish 「끝까지 싸우다」

fight to a man 「마지막 한 사람까지 싸우다」

1285

to a hair 조금도 틀리지 않고, 정확히

|동의어| to an inch

- I guessed his height **to a hair**. 나는 정확히 그의 키를 맞췄다.

1286

to one's taste ～의 기호에 맞추어

- The other tie is more **to my taste**.
  다른 넥타이가 더 내 마음에 든다.

《참고》 to one's sorrow 「애석하게도」

to one's surprise 「놀랍게도」

I learned to my sorrow the impossibility of the plan.
애석하게도 나는 그 계획이 불가능함을 알게 되었다.

1287

to the minute 1분도 틀리지 않고, 정각에

|동의어| to the moment

- I reached the station at seven **to the minute**.
  나는 7시 정각에 역에 도착했다.

《참고》 up to the minute 「최신의 (= up - to - date)」

1288

to the point　　　　　적절하게, 요령있게

- He never spoke **to the point**.　그는 요령있게 말하지 못했다.
- Your answer is not **to the point**.
  네 대답은 적절하지 못하다.

《참고》 up to a point 「어느 정도」

1289

to the utmost　　　　　극도로, 최대한

- We helped him **to the utmost**.　우리는 최대한 그를 도왔다.

《참고》 to the utmost of my power 「내 힘이 닿는 한」

1290

under construction　　　건설 중인, 공사 중인

- The bridge is **under construction**.
  그 다리는 건설 중이다.

《주의》 이때 전치사 under는 어떤 일의 진행 상태를 나타내고 있다.
　　　under discussion 「토론 중인」
　　　under repair 「보수 중인」
　　　The road is now under repair. 그 길은 지금 보수 중이다.

1291

with ease　　　　　쉽게

|동의어| easily |반의어| with difficulty

- He won the race **with ease**.
  그는 쉽게 그 경주에서 이겼다.

《주의》 at ease는 「편하게, 마음 편히」라는 뜻이다.
《참고》 with care 「신중히」
　　　with confidence 「자신있게」
　　　with distinction 「훌륭하게」

within a stone's throw of ～의 지척에 있는

- He lived **within a stone's throw of** my house.

  그는 우리 집에서 아주 가까운 거리에서 살았다.

  NOTE 우리 속담에서 「엎드리면 코 닿을 데」에 해당하는 표현이다.

1293

without a break 쉴 새 없이

- He is at work **without a break**. 그는 쉬지 않고 일한다.

《참고》 a coffee break 「커피마시며 쉬는 시간」

1294

without fail 반드시, 틀림 없이

- Please come **without fail**. = Never fail to come.

  = Be sure to come. 꼭 와주십시오.

《참고》 can not fail to do 「～ 하지 않을 리 없다」

　　　　If you study hard, you cannot fail to succeed.

　　　　열심히 공부하면 성공하지 못할 리 없다.

* 관사로 인해 의미가 변하는 숙어들이 있다.

우리에게 가장 익숙한 예를 들어보자. out of question은 「틀림 없이」란 의미이고, out of the question은 「논외의」란 뜻으로 의미가 확연히 구분된다. 이처럼 관사가 있느냐 없느냐에 따라서 숙어는 의미가 변한다.

정관사 the와 부정관사 a/an의 유무에 따라서 의미가 변하는 대표적인 숙어들을 몇 가지 살펴보자.

We took part in the meeting. (우리는 모임에 참석했다.)

He will take the part of Hamlet in the play.

(그는 그 연극에서 햄릿 역을 맡을 것이다.)

Do you have time? (시간이 있으십니까?)

Do you have the time? (지금 몇 시 입니까?)

What he said is, in a way, reasonable.

(어떤 점에서 그가 말한 것은 합리적이다.)

I can't cross the bridge, because the dog is in the way.

(개가 길을 막고 있어 나는 다리를 건널 수 없다.)

Ring the bell in case of fire. (불이 나면 벨을 울려라.)

In the case of children, this medicine may be harmful.

(어린아이의 경우엔 이 약이 해로울 수 있습니다.)

Chapter 10

출제순위영숙어 ● 수능대책마무리숙어

여러 가지 뜻을 나타내는 숙어

❖ I didn't know when we first met.

He : How did you get married to a richman?

She : Well, you may call it love at second sight.

He : Oh, yeah? Why not love at first sight?

She : I didn't know he was rich when we first met.

❖ 처음 만났을 땐 몰랐다

남자 : 어떻게 돈 많은 남자하고 결혼하셨지요?

여자 : 네, 두 번 만나고 사랑하게 됐죠.

남자 : 그래요? 왜 첫눈에 반하지 않았어요?

여자 : 처음 만났을 땐 그가 부자인 줄 몰랐거든요.

1295

address oneself to

1. ~에게 말을 걸다
2. ~에 본격적으로 착수하다

1. • One of the students **addressed himself to** me.

  학생들중 하나가 나에게 말을 걸었다.

2. • He **addressed himself to** his homework.

  그는 숙제를 시작했다.

NOTE address A as B 「A를 B라고 부르다」

  Please **address** me **as** Ms., not Mrs.

  저를 미세스가 아니라 미즈로 불러 주십시오.

1296

associate with

1. (자동사로) ~와 교제하다
2. (타동사로) ~을 연상하다

|동의어| 1. keep company with

1. • Don't **associate with** that bad guy.

  저 나쁜 녀석과는 사귀지 마라.

2. • We usually **associate** Egypt **with** the pyramid.

  우리는 대개 이집트하면 피라미드를 연상한다.

NOTE associate oneself with = be associated with 「~와 협력하다」

  He **associated himself with** us. = He **was associated with**

  us. 그는 우리와 협력하였다.

1297

at all

1. (부정문에서) 전혀 ~아니다
2. (조건문에서) 일단 ~하면, 적어도
3. (의문문에서) 도대체

1. • I don't know him **at all**. 나는 그를 전혀 모른다.

2. • If you do it **at all**, do it better.

  일단 그것을 하게 되면 잘 하두록 해라.

3. • Do you know him **at all**? 도대체 너는 그를 알기나 하니?

《주의》 문장의 형태에 따라 의미가 달라지는 것에 주의할 것.

1298

at home　　　1. 집에 있는　2. 편안히　3. 정통한

1. • He is **at home** now.　그는 지금 집에 있다.
2. • Make yourself **at home**.　편안하게 계세요.
3. • He is **at home** in law.　그는 법에 정통하다.

《주의》 house와 home을 구분하자. house는 「거주할 수 있는 건물」을
의미하고, home은 「가정이라는 울타리」를 의미한다.

1299

at large　　　1. 일반적으로
　　　　　　　　　2. (범인이) 잡히지 않은

1. • Baseball is very popular with the nation **at large**.
   대체로 야구는 국민 전체에게 대단히 인기가 있다.
2. • The thief is still **at large**.
   범인은 아직 잡히지 않고 있다.

《주의》 in large는 「대규모로」란 뜻이다. 반대말은 in little.

1300

at length　　　1. 드디어　2. 자세히

|동의어| 1. at last　2. in detail

1. • **At length** people came to understand the theory.
   드디어 사람들이 그 이론을 이해하게 되었다.
2. • The author explained the theory **at length**.
   작가는 그 이론을 자세히 설명했다.

(NOTE) at full length 「아주 자세히」

1301

at stake　　　1. 위태로운　2. 문제가 되어

1. • My life itself is **at stake**.　내 목숨까지 위태롭다.
2. • My honor is **at stake**, so I can't let this matter rest.
   내 명예가 걸린 문제여서 이 문제를 내버려둘 수 없다.

(NOTE) 이때 stake는 「이해관계」란 뜻을 가지고 있다.

1302

be alive with
1. ~으로 활기차다
2. ~이 떼지어 있다

1. • The park **is alive with** young people.
공원은 젊은이들로 활기에 차 있다.
2. • The flowers **are alive with** bees.
꽃들에 벌들이 떼지어 있다.

《주의》 alive [əláiv] 발음에 주의할 것.

1303

be associated with
1. ~과 연립하다
2. ~와 관련되다

1. • He **is associated with** his son in law practice.
그는 아들과 함께 공동으로 변호사 개업을 하고 있다.
2. • I **was associated with** him.
나는 그와 동료지간이다.

1304

be due to
1. ~ 때문이다
2. 당연히 ~에게 돌려지다
3. (+to 부정사) ~할 예정이다

1. • The accident **was due to** his carelessness.
사고는 그의 부주의 탓이었다.
2. • The first prize **is due to** you. 일등상은 당연히 네 몫이다.
3. • They **are due to** arrive here soon.
그들은 곧 여기에 도착할 예정이다.
• Mr. Baker **is due to** speak tomorrow.
베이커씨는 내일 연설하기로 되어 있다.

《주의》 due to는 「~때문에」라는 뜻으로 because of와 같은 전치사구로
쓰인다.
Due to the heavy snow, the train was late.
폭설로 기차가 연착했다.

1305

be obliged to   1. (+to 부정사) 어쩔 수 없이 ~하다
2. (+사람) ~에 감사하다

1. • He **was obliged to** give up the plan.
= He was forced to give up the plan.
= He was compelled to give up the plan.
그는 어쩔 수 없이 계획을 포기해야만 했다.
2. • I **am** much **obliged to** you. = I am much grateful to you.
당신에게 매우 감사합니다.

《참고》 oblige + 사람 + to do : 「사람에게 ~하도록 강요하다」
The law **obliges** us **to** pay taxes.
법에 따라 우리는 세금을 내야 한다.

1306

be ready to   1. ~할 준비가 되다
2. 기꺼이 ~하다

1. • I **am ready to** go. 나는 갈 준비가 되어 있다.
2. • We **are ready to** forgive him. 우리는 기꺼이 그를 용서한다.

《참고》 be ready for +명사 「~할 용의가 있다, 준비가 되다」
I **am ready for** the trip. 나는 여행을 떠날 준비가 되어 있다.

1307

break in on/upon   1. ~을 방해하다
2. 문득 떠오르다

1. • The hooting of an owl **broke in upon** the quiet of the place. 올빼미 울음소리가 그 장소의 고요함을 깨뜨렸다.
2. • A new idea **broke in upon** my mind.
새로운 생각이 문득 떠올랐다.

《참고》 hoot 「올빼미가 우는 소리」

1308

break up   1. 부수다, 나누다 2. 해산하다
3. (학교가) 방학하다 4. 난처하게 만들다

1. • He **broke up** the box for firewood.

그는 땔감으로 쓰려고 상자를 부수었다.

2. • The meeting **broke up** at six. 그 회의는 6시에 끝났다.

   • The couple **broke up** last month.

그 부부는 지난 달에 헤어졌다.

3. • When does school **break up**? 학교는 언제 방학하니?

4. • He was **broken up** by the news. 그는 그 소식에 당황했다.

1309

bring forth   1. ~을 낳다 2. ~을 제출하다

|동의어| 2. submit

1. • Certainly it will **bring forth** good results.

확실히 그것은 좋은 결과를 가져올 것이다.

2. • I **brought forth** a proposal for reducing costs.

나는 비용을 줄이기 위한 제안을 제출했다.

《참고》 bring up 「양육하다 (=raise)」

1310

bring in   1. ~을 가져오다
2. (이자, 수익 등을) 생기게 하다

1. • Will you **bring in** the bag from the car?

차에서 가방을 가져오겠습니까?

2. • The investment **brought in** 9 per cent interest.

그 투자는 9%의 이윤을 낳았다.

1311

bring out   1. ~을 내놓다 2. ~을 출판하다

|동의어| 2. publish

1. • He **brought out** a new product before us.

그는 우리 앞에 신제품을 내놓았다.

2. • When will you **bring out** the book?

너는 언제 그 책을 출판할 예정이니?

《참고》 come out = be published

1312
by birth　　1. 태생은　2. 타고난

1. • He is an Englishman **by birth**.　그는 태생이 영국인이다.
2. • He was a musician **by birth**.　그는 타고난 음악가였다.

《참고》 by name 「이름은」, by profession 「직업은」

1313
by way of　　1. ~을 경유하여　2. ~으로서

1. • He went to Europe **by way of** America.
　그는 미국을 경유하여 유럽으로 갔다.
2. • He remarked this **by way of** introduction.
　그는 이것으로 머리말을 대신했다.

1314
call back　　1. 상기시키다　2. 취소하다
　　　　　　　　3. 전화를 다시 걸다

1. • This picture **calls back** my college days.
　이 그림은 내 학창시절을 상기시킨다.
2. • He **called back** his previous words.
　그는 전에 했던 말을 취소했다.
3. • **Call** me **back** in a few days.　며칠 후에 다시 전화해라.

《참고》 **call up** 「상기시키다, 전화로 불러내다」
　　　The tomb **called up** my sorrows afresh.
　　　그 무덤은 내 슬픔을 되살아나게 했다.
　　　Call me **up** anytime you like.
　　　네가 편한 시간에 언제든지 전화해라.

1315
call for　　1. ~을 청하다　2. ~을 요구하다
　　　　　　　3. ~을 데리러 가다

1. • He **called for** a cup of tea.　그는 차 한잔을 청했다.

2. • The work **calls for** great patience.

이 일은 엄청난 인내를 필요로 한다.

3. • I'll **call for** you at around seven.

7시 경에 너를 데리러 가겠다.

(NOTE) 〈4형식 구문의 동사 call〉

Call me taxi. = **Call** a taxi for me.

택시를 불러주세요.

1316
clear off
1. (식탁 등을) 치우다
2. (안개 등이) 걷히다

1. • She **cleared off** the things after supper.

그녀는 저녁 식사 후 그것들을 깨끗이 치웠다.

2. • The fog **cleared off**. 안개가 걷혔다.

(NOTE) 타동사로 쓰인 첫 번째 뜻은 단순히 clear 「~을 치우다」를 사용해도 된다.

1317
clear up
1. ~을 해결하다
2. (날씨가) 개다, 좋아지다

|동의어| 1. solve

1. • He **cleared up** all the problems soon.

그는 곧 모든 문제들을 해결했다.

2. • It is **clearing up**. 날씨가 좋아지고 있다.

1318
close in
1. ~을 에워싸다
2. (적, 어둠 등이) 다가오다

1. • The enemy **closed** us **in**. 적이 우리를 포위했다.

2. • Night **closed in** on the scene.

무대 위로 밤이 몰려왔다.

《주의》 두 번째 의미로는 주로 close in on [upon] 「~로 다가오다」의 형식으로 쓰인다.

1319

come around/round　　1. 돌아오다　2. 회복하다

1. • A leap year **comes around** every four years.

　　윤년은 4년마다 돌아온다.

2. • He has had a serious illness, but is **coming round** again.

　　그는 심각한 병에 걸렸지만 다시 회복되고 있다.

《참고》 a leap day 「윤일 (2월 29일)」

　　　　a common year 「평년」

1320

come from　　1. ~출신이다　2. ~에서 나오다

1. • Where do you **come from**?　어디 출신이세요?

2. • Nothing **comes from** nothings.

　　무에서 유가 생기지는 않는다.

1321

come in　　1. (방에) 들어가다　2. (수입으로) 들어오다
　　　　　　　3. (계절이) 시작되다　4. 유행하다

1. • **Come in** my room.　내 방으로 들어오너라.

2. • The family has five thousand dollars **coming in** monthly.

　　그 가족의 월 수입은 5천달러이다.

3. • When do oysters **come in**?　굴은 언제 나오기 시작하느냐?

4. • Short skirt first **came in** after World War Ⅰ.

　　짧은 치마는 1차 대전 이후부터 유행했다.

1322

come off　　1. (행사 등이) 행해지다
　　　　　　　2. 결국 ~가 되다

1. • When did the exhibition **come off**?

　　전시회는 언제 열리느냐?

2. • His speech **came off** well.　그의 연설은 성공적이었다.

《주의》 두 번째 뜻에서는 언제나 보어를 수반한다.

　　　　He **came off** a victor. 그는 승리자가 되었다.

1323

| **come on** | 1. 야, 이봐 |
| | 2. (계절 등이) 다가오다 |

1. • **Come on**! Have another drink. 자, 한 잔 더 마시자.
2. • Night **came on**. 밤이 다가왔다.

NOTE 「(비가) 내리기 시작하다」는 뜻도 있다.

It **came on** to rain. 비가 내리기 시작했다.

1324

| **come to** | 1. ～하게 되다 2. 합이 ～이다 |
| | 3. 의식을 회복하다 |

1. • How did you **come to** know her?

어떻게 그녀를 알게 되었느냐?

2. • It **comes to** 10 dollars. 합계 10 달러이다.

3. • She fainted, but **came to** after a few minutes.

그녀는 기절했지만 몇 분 후 의식을 회복했다.

《주의》 1번의 뜻에서 become to do를 사용하지 않도록 한다. become
은 불완전 자동사로 to부정사를 보어로 취하지 못한다.

1325

| **come up** | 1. ～을 올라가다 2. 다가오다 |
| | 3. 싹이 트다 |

1. • Please tell him to **come up**.

그에게 올라오라고 말해주세요.

2. • A pretty girl **came up** to me.

한 예쁜 소녀가 내게 다가왔다.

3. • Plants **came up**. 식물에 싹이 텄다.

1326

| **come up to** | 1. ～에 도달하다 |
| | 2. ～에 필적하다 |

1. • The water **came up to** the floor.

물이 마루까지 차 올랐다.

2. • My house does not **come up to** yours.

  내 집은 네 집과 비교가 안된다.

《참고》 come up with = catch up with 「~을 따라 잡다」

1327

come up to ~   1. ~와 경쟁하다 2. ~에 필적하다

compete with

1. • He **competed with** others for the prize.

  그는 상을 두고 다른 사람들과 경쟁했다.

2. • No one could **compete with** him in English.

  아무도 영어에서는 그를 따라올 수 없었다.

NOTE compete with (one) for ~ 「~을 두고 누구와 경쟁하다」

  compete with (one) on ~ 「누구와 ~에서 경쟁하다」

  compete with (one) in + 동명사 「누구와 경쟁으로 ~하다」

1328

contribute to ~   1. ~에 공헌하다 2. ~에 투고하다

1. • He **contributed** greatly **to** the progress of science.

  그는 과학 발전에 지대한 공헌을 했다.

2. • He often **contributes to** the magazine.

  그는 가끔 잡지에 투고를 한다.

《주의》 타동사로 쓰여, He **contributed** 10,000 books **to** the library.

  그는 만권의 책을 도서관에 기증했다.

1329

convince ~ **of** …   1. ~에 …을 확신시키다
  2. ~에 …을 깨닫게 하다

1. • I **convinced** her **of** his sincerity.

  나는 그녀에게 그의 성실함을 확인시켰다.

2. • I **convinced** him **of** his error.

  나는 그에게 자신의 잘못을 깨닫게 해주었다.

NOTE He **convinced** [persuaded] me **to** work harder.

  그는 나를 설득하여 더 열심히 공부하게 했다.

cope with　　　1. ~에 대처하다 2. ~에 대항하다

1. • It is hard to **cope with** the present labor situation.
현재의 노동상황에 대처하기가 어렵다.

2. • No power can **cope with** America in aerial strength.
공군력에서 미국에 대항할 나라는 없다.

《주의》 전치사 with를 반드시 사용해야 하며, 의미에 맞춘다고 to를 사
용하지 않도록 할 것.

1331

dwell on/upon　　　1. ~을 자세히 설명하다
　　　　　　　　　　　2. ~을 곰곰이 생각하다

1. • The Prime Minister **dwelt upon** the financial crisis.
수상은 재정 위기를 자세히 설명했다.

2. • He **dwells** too much **upon** his past failures.
그는 과거의 실패를 지나치게 깊이 생각한다.

《참고》 dwell in「~에 살다, 거주하다」

1332

ever so　　　1. 대단히　2. ~일지라도

1. • Thank you **ever so** much.　대단히 감사합니다.

2. • Be it **ever so** humble, home is home.
아무리 누추하다 할지라도 집이 최고다.

NOTE 첫 번째 뜻은 부사의 역할를 하면서 다른 부사나 형용사를 수식할
때 사용된다.
She is **ever so** beautiful. 그 여자는 대단히 아름답다.

1333

fall away　　　1. 떨어져 나가다, 변절하다
　　　　　　　　　2. 쇠퇴하다, 줄다

1. • My supporters began to **fall away** one by one.
내 지지자들이 하나씩 떨어져 나가기 시작했다.

2. • Business usually **falls away** during the summer.

대부분 여름에는 사업이 불경기를 맞는다.

NOTE during은 「어떤 일이 언제 일어났는가」를, for는 「얼마나 오랫동안 지속되었는가」를 중시한다. 따라서 for 다음엔 주로 수사적 표현이 온다.

My father was in hospital **during** the summer.
나의 아버지는 여름 동안 병원에 계셨다.

My father was in hospital **for** six weeks.
나의 아버지는 6주간 병원에 계셨다.

1334
fall in with   1. ~와 우연히 만나다   2. ~에 동의하다

|동의어| 1. meet by chance

1. • **I fell in with** your father this morning.
   나는 오늘 아침 우연히 네 아버지를 만났다.
2. • **I fell in with** his view on this problem.
   나는 이 문제에 대한 그의 관점에 동의했다.

1335
fall on   1. ~을 공격하다
   2. (축제일 등이) 바로 ~날이다

1. • A bear **fell on** the horse.   곰이 말을 공격했다.
2. • Next year my birthday will **fall on** a Sunday.
   내년에 내 생일은 일요일이 될 것이다.

NOTE fall on은 「(일이) 일어나다, 다가오다」라는 의미도 있다.
Strange sounds **fell on** my ears. 이상한 소리가 귀에 들렸다.

1336
fill in   1. ~을 채우다
   2. (필요 사항을) 써 넣다

1. • They **filled in** the moat.   그들은 외호를 메웠다.
2. • **Fill in** the application form.   신청서에 필요사항을 써 넣어라.

NOTE 동사 fill의 어법을 알아두자.
I **filled** the glass **with** water. 나는 잔에 물을 채웠다.

The glass **is filled with** water. 잔은 물로 가득하다.

Fill me a glass of water = **Fill** a glass of water for me.

나에게 물 한잔을 가득 채워다오.

1337

gain upon/on
1. ~을 따라잡다
2. ~의 환심을 사다
3. ~을 능가하다

1. • The policeman was **gaining on** the pickpocket.
경찰이 소매치기를 따라잡고 있었다.
2. • He will do anything to **gain on** his boss.
그는 상관의 환심을 사기 위해 온갖 짓을 다할 것이다.
3. • He **gained on** his competitor. 그는 경쟁자를 떼어 놓았다.

《참고》 gain in + 명사「~에서 향상되다」
She has **gained in** weight. 그녀는 체중이 늘었다.

1338

get about
1. 돌아다니다   2. (소식 등이) 퍼지다

1. • A car would make it easier for me to **get about**.
차가 있으면 돌아다니기가 더 쉬울 텐데.
2. • The news of the defeat soon **got about**.
패전 소식은 곧 퍼져나갔다.

NOTE 첫째 예문에서 it은 가목적어이다.
make의 진목적어는 for me to get about가 된다.

1339

get at
1. ~에 손이 닿다, 도달하다
2. ~을 이해하다

|동의어| 1. reach 2. understand

1. • Can you **get at** the shelf? 선반에 손이 닿느냐?
2. • I can not **get at** his meaning.
나는 그의 의도를 이해할 수 없다.

1340

get down　　　1. 내리다　2. 삼키다

1. • He **got down** from the plane at Kimpo.

　　그는 김포공항에서 내렸다.

2. • The child **got down** a cherry stone.

　　그 아이는 버찌 씨를 삼켰다.

《참고》 get down to 「~을 시작하다」

　　　It's time you **got down to** some serious study.

　　　이제 좀 진지하게 공부를 시작할 때이다.

《주의》 It's (high) time 다음에 동사의 과거형이 쓰이면서 현재의 의미

　　　를 나타낸다.

1341

get off　　　1. ~에서 내리다　2. 출발하다

1. • We **got off** the bus.　우리는 버스에서 내렸다.

2. • We **got off** early in the morning.　우리는 아침 일찍 출발했다.

NOTE get off는 보통 bus 등의 대형 교통수단에서 내리는 것이며, 소형

　　교통기관에 대해서는 get out of를 쓴다.

1342

get on　　　1. ~에 타다　2. 진척시키다

1. • Where do you **get on** the bus?　너는 어디에서 버스를 타느냐?

2. • He is not **getting on** with his studies.

　　그는 연구에서 진척을 보지 못하고 있다.

NOTE 보통 덩치가 큰 교통수단의 경우에는 get on을 쓰지만, 몸을 굽히

　　고 올라타야 하는 승용차의 경우에는 get in[into]를 쓴다.

1343

get to　　　1. ~에 도착하다　2. ~에 착수하다
　　　　　　　　3. ~이 되다

|동의어| 3. come to

1. • I **got to** the airport.　나는 공항에 도착했다.

2. • **Get to** work at once. 즉시 일을 시작해라.

3. • How did you **get to** know him? 어떻게 그를 알게 되었느냐?

1344

give away　　　1. 넘겨주다, 거저주다

　　　　　　　　　2. (비밀을) 폭로하다

|동의어| 2. reveal

1. • He **gave away** lots of food to the poor.

그는 가난한 사람들에게 먹을 것을 많이 기부했다.

2. • He has **given away** the secret. 그는 비밀을 폭로했다.

《참고》 the + 형용사 → 복수명사

1345

give in　　　1. 굴복하다 2. ～을 제출하다

1. • They **gave in** to his demand. 그들은 그의 요구에 굴복했다.

2. • **Give in** your papers, please. 답안지를 내십시오.

NOTE give in to = yield to 「～에 양보하다, 굴복하다」

1346

give out　　　1. 나누어주다 2. 발산하다

　　　　　　　　　3. 발표하다 4. 떨어지다

1. • The teacher started **giving out** the examination papers.

선생님은 시험지를 나누어주기 시작했다.

2. • These flowers **give out** a sweet smell.

이 꽃들은 향기로운 냄새를 발산한다.

3. • The secret was **given out** after his death.

그 비밀은 그가 죽은 후에 공표되었다.

4. • The food supplies **gave out** at last.

식량이 마침내 바닥나고 말았다.

1347

give over　　　1. 넘겨주다 2. 그만두다, 끝내다

　　　　　　　　　3. 몰두하게 하다

1. • **Give** it **over** to me. 그것을 내게 넘겨줘라.

2. • I have **given over** a habit of smoking.

     = I have given over smoking. 나는 담배를 끊었다.

3. • She **gave** herself **over** to grief. 그녀는 슬픔에 빠졌다.

NOTE 세 번째 뜻은 보통 수동태 구문으로 쓰인다.

   The rest of the day was given over to sports.

   그날은 남은 시간을 운동하면서 보냈다.

1348

go by　　　1. (시간이) 경과하다
　　　　　　　2. (let~ go by의 형태로) ~을 놓치다
　　　　　　　3. ~을 표준으로 삼다

1. • Years have **gone by**. 여러 해가 지나갔다.

2. • You shouldn't let this chance **go by**.

   이 기회를 놓쳐서는 안된다.

3. • You had better **go by** what the doctor says.

   너는 의사가 하는 말을 표준으로 삼는 것이 좋다.

1349

go down　　　1. 내려가다　2. (후세에) 전해지다

1. • I **went down** a short hill. 나는 낮은 언덕을 내려갔다.

2. • His name will **go down** in history.

   그의 이름은 역사에 전해질 것이다.

《참고》 go down with 「~에게 받아들여지다」

   The play **went down** very well **with** audience.

   그 연극은 관객들에게 인기를 끌었다.

1350

go far　　　1. 크게 효과가 있다　2. 성공하다

|동의어| 2. succeed

1. • This **goes far** towards making babies strong.

   이것은 아기를 건강하게 만드는데 큰 효과가 있다.

2. • He will **go far** as he is clever.

그는 영리하기 때문에 성공할 것이다.

《참고》 go too far 「너무 지나치다」

He has always been rather selfish but this time he's **gone too far**. 그는 항상 좀 이기적이었지만 이번에 너무 지나쳤다.

1351

| **go for** | 1. ~을 부르러 가다 |
| | 2. ~에 도움이 되다 |

1. • **Go for** the doctor now. 가서 의사를 모셔 오너라.

2. • All my efforts **went for** nothing.

내 노력은 아무런 도움도 되지 못했다.

《참고》 go in for 「(시험을) 치르다, 입후보하다」

Are you **going in for** the Civil Service Examination?

너는 공무원 시험을 치를 것이냐?

1352

| **go into** | 1. ~로 통해 있다 2. ~을 조사하다 |
| | 3. ~에 종사하다 |

1. • The door **goes into** the garden.

이 문은 정원으로 통해 있다.

2. • He **went** deeply **into** the question.

그는 이 문제를 깊이 연구했다.

3. • He **went into** business when he was young.

그는 젊었을 때 사업을 했다.

《참고》 go into effect 「(법 등이) 발효되다」

1353

| **go off** | 1. 달아나다 2. 폭발하다, 발사되다 |
| | 3. (일이) 되어가다 |

1. • He **went off** with the money. 그는 그 돈을 가지고 달아났다.

2. • The gun **went off**. 총이 발사되었다.

3. • The interview **went off** well. 인터뷰는 잘 진행되었다.

1354

go on　　　　　1. 계속 ~하다　2. (시간이) 경과하다

1. • He **went on** speaking. 그는 계속해서 말했다.
2. • As time **went on**, they gave up their old customs.
   시간이 지나면서 그들은 오랜 관습을 포기했다.
   NOTE go on with + 명사 「(잠시 중단 후) ~을 계속하다」
   Go on with your work. 일을 계속해라.
   《주의》 go on은 중단없이 계속하는 의미이다.

1355

go out　　　　　1. 외출하다　2. (불이) 꺼지다

1. • She **went out**, with no more words.
   더 이상 말도 없이 그녀는 나가버렸다.
2. • The fire **went out**. 불이 꺼졌다.

1356

go over　　　　　1. ~을 면밀히 조사하다
　　　　　　　　　　2. 훑어보다

1. • We **went over** the new plan.
   우리는 새 계획을 면밀히 검토했다.
2. • He usually **goes over** the newspaper in the morning.
   그는 보통 아침에 신문을 훑어본다.
   《참고》 go over to ~ 「(종교 등을) ~로 바꾸다」
   He **went over to** Catholic. 그는 카톨릭으로 개종했다.

1357

go together　　　1. 공존하다　2. 동행하다
　　　　　　　　　　3. 어울리다

|동의어| 3. match

1. • Time and money do not always **go together**.
   시간과 돈이 항상 붙어다니는 것은 아니다.
2. • Jim and I **went together** to the theater.
   짐과 나는 함께 극장에 갔다.

3. • This tie and that jacket do not **go together**.

이 넥타이와 저 재킷은 잘 어울리지 않는다.

《주의》 go together는 자동사적 의미로 쓰인다. 한편 match 「어울리다」

는 자동사, 타동사 모두 쓸 수 있다.

1358

go up　　　1. (물가가) <u>오르다</u>　2. 상경하다

　　　　　　　3. (산에) <u>오르다</u>

1. • Prices are **going up** rapidly.　물가가 급속도로 오르고 있다.

2. • I am **going up** to Seoul tomorrow.

나는 내일 서울로 올라갈 예정이다.

3. • We **went up** the hill.　우리는 그 언덕에 올랐다.

《참고》 go up에는 「타오르다」는 의미도 있다.

The house **went up** in flames. 그 집은 불길에 휩싸였다.

1359

go with　　　1. ~에 따르다　2. ~와 어울리다

　　　　　　　3. ~에 딸리다, 부속되다

|동의어| 1. accompany　2. match

1. • He could not **go with** the times.

그는 시대의 흐름에 따를 수 없었다.

2. • Her new hat will not **go with** her dress.

그녀의 새 모자는 그녀의 옷에 어울리지 않을 거야.

3. • This land **goes with** that house.

이 땅은 저 집에 딸린 것이다.

1360

go without　　　1. ~없이 지내다

　　　　　　　　2. ~을 가지고 있지 않다

|동의어| 1. do without

1. • Man can not **go without** water.

= Water is indispensable to man.

인간은 물 없이 지낼 수 없다.

2. • He sometimes **goes without** a watch.

그는 때때로 시계를 차고 다니지 않는다.

1361

hold good   1. 유효하다 2. ~에 적용된다

|동의어| 1. stand good

1. • The ticket **holds good** for three days.

이 표는 3일간 유효하다.

2. • The argument **holds good** also in this case.

그 논의는 이번 경우에도 적용된다.

《주의》 이때 good는 형용사로 보어 역할을 하고 있다.

1362

hold with   1. ~에 찬성하다 2. ~을 인정하다

1. • He **held with** me on the matter.

그는 그 문제에 대해 내게 찬성했다.

2. • He does not **hold with** the new method.

그는 새로운 방법을 인정하지 않는다.

1363

in terms of   1. ~라는 (특유의) 말로
2. ~의 관점에서

1. • He spoke of you **in terms of** high praise.

그는 최대의 찬사로 너에 대해 이야기했다.

2. • He thinks of everything only **in terms of** money.

그는 금전적인 관점에서만 모든 것을 생각한다.

NOTE term은 「말」과 관계되는 뜻을 가질 때는 항상 복수형태를 유지
한다.

in terms 「명확히」

in general terms 「일반적인 말로」

1364

keep in   1. (감정을) 억제하다 2. 가두다

1. • He tried to **keep** his anger **in**.

그는 노여움을 가라앉히려고 애썼다.

2. • The rain **kept** us **in** for several hours.

비는 우리를 몇 시간 동안 가두어 두었다.

《참고》 keep in with 「~와 사이좋게 지내다」

1365
keep to   1. 고집하다   2. ~을 고수하다

1. • You must **keep to** the rules of the game.

너는 게임의 법칙을 지켜야 한다.

2. • **Keep to** the right. 우측통행을 하시오.

《참고》 keep on ~ 「계속해서 ~하다」

Keep straight **on** till you see a tall building.

큰 건물이 보일 때까지 똑바로 가세요.

1366
lay down   1. 내려놓다   2. (계획을) 세우다

1. • Will you **lay down** the baby gently on the bed?

아기를 침대 위에 천천히 내려놓으시겠습니까?

2. • We **laid down** our plan in advance.

우리는 미리 계획을 세웠다.

《참고》 lay out 「설계하다, 진열하다」

The Egyptians knew a method still used to **lay out** a playing field. 이집트인들은 경기장을 설계하는데 아직도 사용되는 방법을 알고 있었다.

1367
lay on   1. 칠하다
               2. (가스 등을) 끌어들이다

1. • The painter **laid on** paint as thin as possible.

페인트공은 가능한한 엷게 페인트를 칠했다.

2. • They have not yet **laid on** gas or water.

그들은 아직 가스나 수도를 끌어들이지 않았다.

NOTE be laid up with 「~로 몸져 눕다」

He has **been laid up with** the flu. 그는 독감으로 몸져 누워 있다.

1368
let down　　1. 내리다, 낮추다　2. 실망시키다
　　　　　　　3. 힘을 빼다

|동의어| 2. disappoint

1. • **Let down** the blinds, will you?　차양을 내려주시겠습니까?
2. • Promise me not to **let** me **down**.
　　나를 실망시키지 않겠다고 약속해라.
3. • We can't **let down** in our efforts.
　　노력의 템포를 우리는 늦출 수 없다.

1369
live up to　　1. ~에 맞추어 살다
　　　　　　　2. ~에 따라 행동하다

1. • He **lives up to** his income.　그는 수입에 맞춰 산다.
2. • He **lived up to** the principles of Christianity.
　　그는 기독교 교리에 따라 행동했다.

《참고》 live in a small way 「검소하게 살다」

1370
load A with B　　1. A에 B를 싣다
　　　　　　　　　2. A에게 B를 잔뜩 주다

1. • They **loaded** a ship **with** cars.　배에 자동차를 잔뜩 실었다.
2. • They **loaded** her **with** gifts.
　　그들은 그녀에게 선물을 잔뜩 안겨 주었다.

《주의》 두 번째 뜻으로 쓰일 경우 동사 load의 직접목적어는 거의 사람
　　　이다.

1371
look in　　1. 엿보다　2. 잠깐 들르다

1. • The little boy **looked in** at the door.

그 꼬마는 문에서 슬쩍 엿보았다.

2. • Won't you **look in** next time you are in Seoul?

다음번 서울에 오실 때 잠깐 들르지 않으시겠어요?

《주의》 두 번째 뜻에서 들르는 대상을 표현하고자 할 때에는 전치사 on 이 쓰인다.

Please **look in on** us if you come this way.

이 쪽으로 오실 일이 있으면 잠깐 우리에게 들러 주십시오.

1372
look on

1. ~을 관찰하다, ~로 향해 있다
2. (look on A as B의 형태로) A를 B로 여기다

1. • He always **looks on** the bright side of things.

그는 항상 사물의 밝은 면을 본다.

2. • He **looks on** me as a benefactor.

그는 나를 은인으로 여긴다.

《참고》 onlooker 「구경꾼」

1373
look over

1. ~을 대충 훑어보다
2. 눈감아주다

1. • The teacher is **looking over** examination papers.

선생님은 시험 답안지를 훑어보고 계신다.

1. • I **looked over** her fault. 나는 그녀의 잘못을 눈감아 주었다.

《참고》 look over one's shoulders at 「어깨너머로 ~을 보다」

1374
look to

1. ~쪽을 보다 2. ~에 주의하다
3. ~에 의지하다, 기대하다

1. • My house **looks to** the south. 내 집은 남향이다.

2. • You must **look to** the traffic signals.

교통신호에 주의해야만 한다.

3. • He **looks to** you for help. 그는 네 도움을 기대하고 있다.

1375

look up
1. ~을 올려다 보다
2. ~을 찾다, 조사하다
3. ~을 방문하다

1. • She **looks up** at the stars.
그녀는 별들을 올려다 본다.
2. • **Look up** the word in the dictionary.
사전에서 이 단어를 찾아보아라.
3. • **Look** me **up** once in a while. 가끔 나를 찾아오너라.
《참고》 look up to 「~을 우러러보다 (=respect)」
look one up and down 「~를 위아래로 훑어보다」

1376

make away with
1. ~을 훔치다 2. 탕진하다
3. ~을 죽이다

1. • The boy **made away with** my ring.
그 소년이 내 반지를 훔쳤다.
2. • He **made away with** most of his wife's money.
그는 아내의 돈 대부분을 탕진해버렸다.
3. • That is **making away with** yourself.
그것은 네 자신을 죽이는 것이다.
《참고》 make away with oneself 「자살하다」

1377

make for
1. ~을 향해 나아가다
2. ~에 도움이 되다

1. • They **made for** the land. 그들은 육지를 향해 나아갔다.
2. • That will **make** nothing **for** your success.
그것은 네 성공에 전혀 도움이 되지 못할 것이다.
NOTE Will you please **make** room **for** me?
내게 자리를 양보해주시겠습니까?
이 예문은 make가 타동사로 쓰인 예이다.

make one's way　　1. 나아가다　2. 출세하다

1. • I **made my way** through the crowd.

   나는 군중을 헤치고 나아갔다.

2. • He **made his way** in the world.　그는 출세했다.

make up　　1. ~을 만들다　2. 화해하다
　　　　　　3. 화장[분장]하다

1. • Cells **make up** our bodies.　세포가 우리 몸을 만든다.

2. • After their quarrel, they **made up**.

   말다툼 후에 그들은 화해했다.

3. • She is heavily **made up**.　그녀는 짙은 화장을 하고 있다.

NOTE 두 번째 뜻에서는 make up with 「~와 화해하다」로 쓰일 수 있다.

　　　Why don't you **make up with** her?

　　　왜 그녀와 화해하지 않는 거니?

mean ~ for …　　1. ~을 …로 만들 작정이다
　　　　　　　　2. ~을 …에게 줄 생각이다

1. • She **means** her daughter **for** a pianist.

   = She means her daughter to be a pianist.

   그녀는 딸을 피아니스트로 만들 작정이다.

2. • I **mean** this car **for** my son.

   이 차를 내 아들에게 줄 생각이다.

《주의》 이 숙어는 주로 수동구문으로 쓰인다.

　　　This present **is meant for** you. 이 선물은 너에게 주는 것이다.

　　　She **was meant for** an actress.

　　　그녀는 여배우가 되도록 키워졌다.

of one's own accord　　1. 자발적으로
　　　　　　　　　　　　2. 저절로

1. • I did it **of my own accord.** 나는 자발적으로 그 일을 했다.
2. • The door opened **of its own accord.**

   그 문은 저절로 열렸다.

1382

once (and) for all   1. 이번만은   2. 단호하게

1. • I'll give you some money **once for all.**

   이번만은 네게 돈을 좀 주겠다.
2. • Tell him so **once for all.** 그에게 단호히 그렇게 말해라.

《참고》not once「결코 ~안하다 (=never)」

  He didn't **once** look our way.

  그는 한 번도 우리쪽을 쳐다보지 않았다.

1383

on earth   1. 도대체   2. 세상에서
      3. (부정문에서) 조금도, 전혀

1. • What **on earth** are you going to tell us?

   도대체 우리에게 무엇을 말하려는 것이냐?
2. • I was the happiest man **on earth.**

   나는 이 세상에서 제일 행복한 사람이다.
3. • It is no use **on earth.** 이것은 도무지 쓸모가 없다.

《주의》첫 번째 뜻은 언제나 의문사와 함께 쓰인다.

  Where **on earth** have you been? 도대체 어디에 갔었니?

1384

only too   1. 더할 나위 없이   2. 유감이지만

1. • I shall be **only too** glad to hear it.

   그 말을 들으면 더할 나위 없이 기쁠 것이다.
2. • It is **only too** true. 그것은 유감이지만 사실이다.

《주의》첫 번째 예문의 경우「too+형용사+to 동사원형」의 구문을 띠지
  만, too~ to 용법으로 해석하지 않도록 조심해야 한다.

out of place   1. 잘못 놓인 2. 부적절한

|반의어| in place (제자리에 놓인, 적절한)

1. • The chairs are **out of place**. 의자들이 잘못 놓여 있다.

2. • I feel **out of place** among merchants.

나는 상인들 사이에서 소외감을 느꼈다.

NOTE among은 대상을 별개의 것으로가 아니라 하나의 덩어리로 파악할 때 사용한다.

pass over   1. 지나가다, 끝나다
2. ~을 못보고 넘어가다

1. • The storm has **passed over**. 폭풍이 지나갔다.

2. • He **passed over** details. 그는 세부사항을 빠뜨렸다.

NOTE pass as 「~로 통하다 (=pass for)」

He **passed as** a writer. 그는 작가로 통했다.

pass through   1. 뚫고 지나가다 2. 경험하다

1. • The water **passes through** this pipe.

물이 이 파이프를 통해 지나간다.

2. • He **passed through** many hardships.

그는 수많은 고난을 경험했다.

pick up   1. ~을 줍다 2. 집어올리다
3. 도중에 태우다, 차로 마중 나가다

1. • I **picked up** a purse on the street. 길에서 지갑을 주웠다.

2. • **Pick up** the toys on the floor.

마루에 있는 장난감들을 집어라.

3. • I'll **pick** you **up** and get you to the station.

너를 태워서 역까지 데려다 주겠다.

NOTE pick up은 「땅에서 집어올리다」는 뜻이며, pick은 단지 「무엇을 비틀어 따다」는 뜻이다.

1389
put away　　　1. 치우다　2. (~을 위해) 따로 떼어두다

|동의어| put aside = set aside

1. • **Put** these dishes **away**. 이 접시들을 치워라.
2. • He **put away** money for trip. 그는 여행을 위해 돈을 저축했다.

NOTE We must **put aside** money for the future.

우리는 장래를 위해 돈을 저축해야 한다.

1390
put down　　　1. 내려놓다　2. ~을 적어두다

1. • **Put** your pencils **down**. 연필을 내려 놓아라.
2. • I'll **put down** your address before I forget it.

잊기 전에 네 주소를 적어둬야겠다.

NOTE put A down as B 「A를 B로 보다」

I **put** him **down as** fool. 나는 그를 바보라고 생각한다.

How old should you **put** him **down** at?

그의 나이가 몇 살이라고 생각하니?

1391
put forth　　　1. (싹을) 내밀다　2. 발휘하다

1. • The trees **put forth** buds and leaves in spring.

나무는 봄이면 새싹과 잎이 돋아난다.

2. • He **put forth** every effort to pass the examination.

그는 시험에 합격하기 위해 모든 노력을 기울였다.

NOTE 이때 forth는 부사로 「앞으로, 밖으로」란 뜻을 갖는다.

1392
put in　　　1. (말 따위를) 끼워 넣다
　　　2. 넣다, 삽입하다　3. 임명하다

1. • He **put in** a word for his friend.

그는 친구를 위해 한 마디 끼어들었다.

2. • He **put** both his hands **in** his pockets.

   그는 주머니에 양 손을 집어 넣었다.

3. • We **put** him **in** for the chairman.

   우리는 그를 의장으로 임명했다.

1393

put up　　　　1. 올리다　2. ~을 게시하다
　　　　　　　　3. (집 따위를) 짓다

1. • **Put up** the flag right now.　즉시 기를 올려라.

2. • We **put up** a notice on the bulletin board.

   우리는 게시판에 공고문을 게시했다.

3. • We **put up** a tent in the glade.

   우리는 숲 속의 빈터에 천막을 쳤다.

1394

put upon/on　　　1. ~을 입다　2. ~인 체 하다

1. • He **put on** his coat quickly.

   그는 코트를 재빨리 입었다.

2. • He **puts on** air of dignity.　그는 점잖은 체 한다.

NOTE put A on B 「A를 B에게 돌리다」

Everyone **put** the responsibility **on** him.

모두가 책임을 그에게 돌렸다.

1395

refer to　　　1. ~을 언급하다　2. ~을 참조하다

1. • He **referred to** his past experience.

   그는 과거의 경험을 언급했다.

2. • I often **refer to** the dictionary.　나는 가끔 사전을 참조한다.

NOTE refer to A as B 「A를 B의 이름으로 부르다」

This is usually **referred to as** New Thought.

이것이 세간에서 신사고라 일컬어지는 것이다.

reflect upon/on

1. 곰곰이 생각해보다
2. ~에 악영향을 미치다

1. • **Reflect upon** all I have said to you.

   내가 너에게 말한 모든 것을 곰곰이 생각해 보아라.

2. • This decision will **reflect on** his future career.

   이런 결정은 그의 장래 경력에 악영향을 줄 것이다.

《참고》 reflect A on B 「B에 A를 가져오다, 초래하다」

   His folly **reflected** disaster **on** us.

   그의 바보같은 짓은 우리에게 재앙을 가져왔다.

resort to

1. ~에 자주가다
2. ~에 호소하다, 의지하다

|동의어| 2. depend on

1. • He **resorts to** this coffe shop. 그는 이 커피숍에 자주 온다.

2. • We **resorted to** drastic measures.

   우리는 강경한 조치에 호소했다.

《참고》 resort in 「~에 체제하다」

run off

1. 도망치다
2. 마르게 하다, 방출하다

1. • The boy **ran off** quickly. 그 소년은 재빨리 도망쳤다.

2. • **Run** the water **off** when you've had your bath.

   목욕을 마치면 물기를 닦아내라.

《참고》 run off with 「~을 가지고 도망치다, ~와 함께 도망치다」

set aside

1. 제쳐두다 2. 저축하다

|동의어| 2. save

1. • He **set** the book **aside**, and gave me his hand.

   그는 책을 한쪽으로 밀어내고 나에게 손을 내밀었다.

2. • I'll **set** this money **aside** against a rainy day.

나는 어려울 때를 대비해서 이 돈을 저축할 것이다.

1400
set forth
1. 말하다, 설명하다
2. 내보이다, 공개하다　3. 출발하다

1. • He **set forth** his view upon the subject.

그는 그 문제에 대한 자신의 생각을 말했다.

2. • He **set forth** his plans for the future.

그는 미래에 대한 그의 계획을 발표했다.

3. • He **set forth** for America last week.

그는 지난 주에 미국으로 떠났다.

NOTE set forward도 비슷하게 「진술하다, 발표하다, 출발하다」는 뜻으로 쓰인다.

1401
set to
1. 본격적으로 ~하기 시작하다
2. 먹기 시작하다, 싸움을 시작하다

1. • We **set to** work soon after lunch.

우리는 점심 식사 후 곧장 일하기 시작했다.

2. • They were all hungry and at once **set to**.

그들은 모두 배가 고팠으므로 즉시 먹기 시작했다.

NOTE 이때 to는 모두 부사로 쓰인 것이다.

1402
share in
1. ~을 분배받다　2. ~을 분담하다

1. • I am entitled to **share in** the profit.

나는 이익을 분배받을 권리가 있다.

2. • I'll **share in** the cost with you.

나는 당신과 비용을 분담하겠다.

NOTE 타동사로 쓰인 share는 함께 쓰이는 전치사에 따라 두 가지 뜻으로 나눌 수 있다.

We **shared** sorrows **with** them.

우리는 그들과 슬픔을 함께 했다.

They **shared** food **among** them. 그들은 음식을 나누었다.

1403

sit up　　　1. 일어나 앉다
　　　　　　　2. 자지 않고 일어나 있다

1. • He **sat up** in excitement. 그는 흥분해서 일어나 앉았다.

2. • I **sat up** late last night.

　　나는 지난 밤 늦게까지 자지 않고 있었다.

1404

subject ~ to…　　1. ~을 …에 복종시키다
　　　　　　　　　　2. ~을 …에 맡기다

1. • The king **subjected** a neighboring country **to** his rule.

　　왕은 이웃나라를 그의 지배 하에 두었다.

2. • He **subjected** a report **to** the queen.

　　그는 보고서를 여왕에게 제출했다.

NOTE 위에서 주어가 분명하지 않을 때에는 수동구문으로 쓰이게 된다.

　　be subjected to 「~을 당하다, ~에 시달리다」

　　재귀대명사를 사용한 subject oneself to~도 같은 뜻이다.

1405

submit to~　　1. ~에 복종하다　2. ~을 감수하다
　　　　　　　　3. ~을 제출하다

|동의어| 1. surrender to

1. • He **submitted to** authority. 그는 권위에 복종했다.

2. • He **submitted to** his fate. 그는 운명을 받아들였다.

3. • He **submitted** a report **to** the city council.

　　그는 보고서를 시의회에 제출했다.

《참고》 submit oneself to 「~에 복종하다」

1406

sum up　　　1. 합하다　2. 요약하다

1. • I **summed up** the bills. 나는 청구서들을 합산해 보았다.

2. • I **summed up** the contents in 50 words.

　그 내용을 50단어 이하로 요약했다.

《참고》 sum to[into]「합계가 ～이 되다」

　The expense **sums into** 500 dollars.

　비용은 합계 500 달러가 된다.

1407

take charge of　　1. ～을 떠맡다　2. ～을 돌보다

|동의어| 2. take care of

1. • He **took charge of** all the work

　= They charged him with all the work.

　그가 모든 일을 떠맡았다.

2. • He **took charge of** my boy when I was away.

　내가 없을 때에는 그가 내 아이를 돌보았다.

(NOTE) in charge of「～을 맡고 있는」

　The nurse was **in charge of** the children under six years

　old. 그 간호사는 여섯 살 미만의 아이들을 맡았다.

1408

take down　　1. ～을 내리다　2. ～적어두다

　　　　　　　　3. 삼키다

1. • Will you **take down** the vase from the shelf?

　선반에서 꽃병을 내려주시겠습니까?

2. • I was eager to **take down** his speech.

　나는 그의 연설을 열심히 받아 적었다.

3. • Don't chew. Only **take** it **down**.

　씹지 마세요, 삼키기만 하세요.

1409

take in　　　　1. 구독하다　2. 속이다

1. • I **take in** three daily papers. 나는 일간지 세 개를 구독한다.

2. • I was completely **taken in** by his story.

나는 그의 이야기에 완전히 속았다.

1410

take liberties with　　1. ~에게 허물 없이 굴다
　　　　　　　　　　　　2. ~를 멋대로 바꾸다

1. • Stop **taking liberties with** him in the public.

사람들 앞에서 그에게 버릇 없이 굴지 말아라.

2. • The translator can not **take liberties with** the original text. 번역가는 원본을 멋대로 고칠 수 없다.

NOTE liberty는 복수형으로 쓰여 「특권(=privileges)」란 뜻을 갖는다.

1411

take off　　1. ~을 벗다　2. 이륙하다

|반의어| 1. put on (~을 입다) 2. land on (~에 착륙하다)

1. • You must **take off** your hat in the room.

방에서는 모자를 벗어야 한다.

2. • The plane **took off** from the airport.

비행기는 공항을 이륙했다.

《참고》 take on 「고용하다, 떠맡다」

The firm had to **take on** part-time workers.

그 회사는 시간제 노동자를 고용해야만 했다.

I cannot **take on** any more work.

나는 더 이상의 일을 맡을 수 없다.

1412

take one's place　　1. 앉다　2. ~을 대리하다

|동의어| 1. take one's seat

1. • They **took their places** at table.

그들은 식탁에 둘러 앉았다.

2. • I **took his place** as referee. 나는 그 사람 대신 심판을 맡았다.

NOTE take place 「개최되다, (사건이) 일어나다」

The demonstration **took place** without disorder.

시위는 아무런 혼란 없이 개최되었다.

1413

take out 1. 꺼내다 2. 데리고 나가다

1. He **took out** his purse. 그는 지갑을 꺼냈다.
2. I am going to **take** him **out** for a walk.

   나는 그를 데리고 산책을 나갈 예정이다.

1414

take to 1. ~에 몰두하다
             2. ~이 습관이 되다
             3. ~이 좋아지다, ~을 따르다

1. He **took** naturally **to** study.

   그는 자연스럽게 연구에 몰두했다.
2. I have **taken to** smoking recently.

   나는 담배피우는 것이 최근들어 습관이 되었다.
3. The baby has **taken to** her new nursemaid.

   아기는 새 유모를 따랐다.

《주의》 take in 다음에는 동명사나 동사원형이 모두 사용될 수 있다.

1415

tell off 1. (일 등을) 지시하다
              2. 야단치다
              3. 파견하다

1. I was **told off** to do it. 나는 그것을 하도록 지시받았다.
2. I **told** him **off** for keeping me waiting.

   나를 기다리게 했기 때문에 그에게 잔소리를 했다.
3. Ten men were **told off** for special duty.

   열 사람이 특별 임무를 띠고 파견되었다.

《참고》 tell on 「고자질하다, 밀고하다」

   He **told on** his brother. 그는 형을 고자질했다.

1416

think of　　　　　　1. ～을 생각해내다　2. ～할까 생각하다

1. • I can not **think of** his name.

   그의 이름을 생각해낼 수가 없다.

2. • I am **thinking of** learning French.

   프랑스어를 배울까 생각하고 있다.

《주의》 두 번째 뜻으로 사용될 경우에는 「think of + 동명사」의 형식으로 사용된다. 이것이 부정이 될 경우에는 「～할 것을 예기치 못하다」가 된다.

   I didn't **think of coming** back alive.

   나는 살아서 돌아오리라곤 생각지도 못했다.

NOTE think of A as B 「A를 B라고 생각하다」

   He **thinks of** himself **as** a poet.

   그는 자신을 시인이라 생각한다.

1417

turn aside　　　　1. 피하다, 빗나가게 하다
2. 벗어나다

1. • He **turned aside** a blow of the enemy.

   그는 적의 공격을 피했다.

2. • Do not **turn aside** from the beaten path.

   늘 다니던 길에서 벗어나지 마라.

NOTE off the beaten path 「상궤를 벗어난, 사람이 별로 다니지 않는」

1418

turn away　　　　1. ～을 내쫓다
2. (얼굴을) 돌리다, 외면하다

1. • He was **turned away** at the door.

   그는 문전에서 쫓겨났다.

2. • He **turned away** his face from her.

   그는 그녀에게서 얼굴을 돌렸다.

NOTE 두 번째 뜻에서는 전치사 **from**이 동반되는 경우가 많다.

1419

turn over   1. 넘어뜨리다   2. (책장을) 넘기다
              3. 넘겨주다

1. • The waves **turned** our boat **over**.

   파도에 우리 배가 전복되었다.

2. • He **turned over** the pages to find the poem.

   그는 그 시를 찾기 위해 책장을 넘겼다.

3. • I **turned over** my firm to my nephew.

   나는 회사를 조카에게 넘겨주었다.

NOTE 세 번째 뜻으로 사용될 경우에는 주로 전치사 to가 수반된다.

1420

turn to   1. ~에 의지하다, 호소하다
              2. ~에 착수하다

|동의어| 1. resort to

1. • I have no one to **turn to**.   나는 의지할 사람이 없다.

2. • I **turned to** the study of law.   나는 법률 공부를 시작했다.

NOTE to 이하의 명사가 생략되는 경우가 많다.

   It's time we **turned to** (our work). 이젠 일에 착수할 시간이다.

1421

up to   1. ~까지   2. ~의 책임으로

1. • The water came **up to** his chin.   물이 그의 턱까지 차 올랐다.

2. • It is **up to** you to finish the job.

   이 일을 끝내는 것은 네 책임이다.

NOTE 부정문과 함께 쓰여서는 「~보다 못한」이란 의미를 갖는다.

   He is **not up to** his father as a scholar.

   그는 학자로서 아버지만 못하다.

1422

wear out   1. ~을 지치게 하다   2. 닳게 하다
              3. (인내심 등을) 다하게 하다

1. • I was **worn out** with this long journey.

나는 이 긴 여행에 지쳤다.

2. • My shoes are **worn out**. 내 신발은 닳아 해어졌다.

3. • My patience was **worn out** at last.

마침내 내 인내심도 한계에 이르렀다.

《참고》 wear off 「점차 사라지다」

The back pain is **wearing off**.

등의 통증이 점차 사라지고 있다.

1423

work out	1. 성취하다
	2. (계획 등을) 완전히 세우다
	3. (문제를) 해결하다

|동의어| 3. solve

1. • He has **worked out** his purpose at last.

그는 마침내 그의 목적을 달성했다.

2. • He **worked out** a new plan. 그는 새 계획을 수립했다.

3. • See if you can **work** this puzzle **out**.

네가 이 퍼즐을 풀 수 있나 보자.

《참고》 work into 「~에 삽입하다, 집어 넣다」

We **worked** new courses **into** the curriculum.

우리는 커리큘럼에 새 강좌를 집어넣었다.

✳ 부사의 위치는?

영어 문장을 읽다 보면 **always** 같은 부사는 동사의 앞이나 뒤에 쓰이는데, **yesterday**와 같은 부사는 반드시 문장 앞이나 뒤에 위치하는 것을 볼 수 있다. 과연 이런 부사들이 문장에서 차지하는 위치에 특별한 원칙이 있는 것일까?

우선 시간 부사를 살펴 보자. 시간을 나타내는 부사는 전체적인 의미에서 두 가지로 나누어 볼 수 있다. 특정한 시간을 뜻하는 부사로 **yesterday**, **today**, **tomorrow**, **last week**「지난 주」, **two months ago**「두 달 전」 등과 같은 것들이다. 이런 부사들은 문장의 마지막에 오는 것이 원칙이다.

I **last night** went to the cinema.(×)

I went to the cinema **last night**.(○)

그러나 시간을 강조하고 싶은 경우에는 문장의 첫머리에 쓰인다.

Last night I went to the cinema.

한편 특정한 시간을 한정하지 않는 부사들, 예를 들어 **ever**, **always**, **often**, **soon**, **sometimes** 등과 대부분의 부사들(**almost**, **scarcely**, **hardly**, **nearly**, **even**) 등은 본동사 앞에 쓰인다. 다만 동사가 **be** 동사인 경우에는 뒤에 놓이게 된다.

They come **always** late to school.(×)

They **always** come late to school.(○)

They are **always** late.(○)

마지막으로 하나 더! 장소를 나타내는 부사와 시간을 나타내는 부사가 동시에 올 경우에는 장소 부사가 먼저 쓰인다.

Our boys will be *tomorrow* here.(×)

Our boys will be here *tomorrow*.(○)

Chapter 11

출제순위영숙어

실력발전

❖ **The tip.**

Diner : I'm sorry, but I only have enough money for the bill. I have nothing
        left for your tip.

Waiter : In that case, let me add up that bill again, sir.

❖ **팁**

식당 손님 : 미안하네. 음식값 낼 돈밖에 없어서 자네 팁은 못 주겠네.

웨이터 : 그러시다면 청구서를 다시 써 드리겠습니다.

●● 숙어의 뜻을 파악하는 비법 ●●

영어에 있어서 숙어는 거의 언제나 전치사를 동반하고 있다. 이런 점에서 전치사가 지닌 뜻을 정확히 파악하고 있다면 여러 단어가 모인 숙어이 뜻을 하나하나 암기할 필요 없이, 이미 알고 있는 단어와 전치사의 뜻을 조합하여 그 뜻을 헤아려 볼 수 있게 된다. 따라서 여기에서 소개하는 전치사의 의미를 정확히 소화하면 숙어의 뜻을 조금이라도 쉽게 받아들일 수 있을 것이다.

>> 비유적인 뜻을 동반하는 전치사

(1) **above** : 주로 〈부정〉적인 뜻을 갖는다. 따라서 이 전치사로 이루어진 숙어는 뒤에 오는 명사의 뜻에 따라 의미가 결정된다. 예를 들어, **above means**에서 **means**는 '수입'을 뜻하므로 「분수에 넘치는」이란 의미를 가지게 된다. 또 다른 예로, **above suspicion**은 당연히 「의심할 수 없는」이란 의미가 된다.

He lives **above** his means. 그는 분수에 넘치는 생활을 한다.
You must not be **above** taking advice.
충고받는 것을 부끄럽게 생각해서는 안된다.
Each one seems to be **above** suspicion.
누구도 수상한 점이 없는 것 같다.

(2) **at** : 〈어떤 상태〉를 나타낸다.

at rest(= not troubled, 안심하고 있는), **at peace**(= not at war, 평온한, 사이가 좋은), **at ease**(= comfortable, 편안한), **at loss**(=

uncertain, 어찌하면 좋을지 모르는 상태)

(3) **below** : 〈부정〉의 개념으로 특히 가치관을 중심으로 이루어지므로, **be unworthy of**와 같은 의미로 보면 충분하다.

It was **below** a gentleman to wrangle.
싸우는 것은 신사답지 못했다.
His accusations are **below** contempt.
그의 비난은 경멸할 가치도 없다.

(4) **beneath** : 〈부정〉의 개념으로 **below**와 마찬가지로 **be unworthy of**의 의미를 갖는다.

His accusations are **beneath** contempt.
그의 비난은 경멸할 가치도 없다.
It is **beneath** you to complain. 불평하는 것은 너답지 못하다.

(5) **beyond** : 〈부정〉의 개념으로 「어떤 한계나 능력을 넘어서는 것」을 의미한다.

This book is **beyond** me. 이 책은 내가 읽기에 너무 어렵다.
That strange idea is **beyond** belief.
저 이상한 생각은 도저히 믿을 수 없다.

(6) **from** : 〈부정〉의 개념이다. **from, off, of**는 모두 「떨어지다」는 의미에서 파생되는 「없애다, 빼앗다, 피하다, 하지 않는다」는 의미가 된다.

A tree gave us shelter **from** the rain.
한 그루의 나무 덕에 우리는 비에 젖지 않았다.
What prevented you **from** coming?
어째서 당신은 올 수 없었습니까?

(7) **in** : 어떤 공간에 틀어박혀 있다는 의미로, 그 속에서 빠져 나올 수 없어 어찌할 수 없는 상태를 나타낸다. **at**이 '적극적'인 뜻을

갖는데 비해서, **in**은 '수동적'인 뜻을 갖는다.

My finances are **in** good order. 자금 회전이 순조롭다.

We live **in** decent comfort. 우리는 편한 생활을 하고 있다.

(8) **into** : 〈변화〉를 나타낸다. 무엇인가 새롭게 시작하고 변하는 것, 혹은 무엇을 깊이 연구하고 조사하는 일을 나타낸다.

Few could enter **into** his feeling.

그의 기분을 이해하는 사람은 거의 없었다.

He frightened her **into** submission.

그는 그 여자를 협박해서 굴복하게 만들었다.

(9) **off** : 기본적으로 〈분리〉의 의미로, 부정적인 뜻을 갖는다.

She was scolding him, because he was **off** work.

그녀는 그를 꾸짖고 있었다. 왜냐하면 그가 공부를 게을리 했으니까.

He is **off** his head. 그는 정신이 이상하다.

(10) **on** : 어떤 상태나 동작이 〈계속〉되고 있음을 나타낸다. 때로는 영향, 타격을 주는 것도 나타낸다.

Bill was obilged to stay **on** duty.

빌은 근무처를 떠날 수 없었다.

This morning they were all back **on** their job.

오늘 아침 그들은 모두 직장으로 돌아왔다.

Large enemy forces were **on** the move.

적의 대부대가 이동 중이었다.

(11) **out of** : 「밖으로 나가다」라는 의미에서 「떠나다」란 개념을 갖고 있다. **from, off, of** 등과 마찬가지로 〈부정〉적 개념을 갖는다.

His son was thought to be **out of** danger.

그의 아들이 위험을 벗어났다고 생각되었다.

He was **out of** work. 그는 실직 중이었다.

It was **out of** print. 그 책은 절판되었다.

(12) **over** : 「바로 위에 있다」는 위치관계가 발전되어 사용된다. 반면
에 **under**는 「수동, 지배당하다, 신분이 아래이다」는 뜻을 갖는다.
또한 위, 아래가 「겹치다」는 의미에서 〈동시성〉 〈반복〉을 뜻하기
도 한다.

A colonel is **over** a lieutenant. 대령은 중령보다 계급이 위다.
A king reigns **over** his kingdom. 왕은 자기 왕국을 통치한다.

(13) **under** : **over**의 반대로 「아래」에 있어, 명사와 결합하여 그 동
작의 수동적 의미를 낳는다.

You are **under** a mistaken impression.
당신이 받은 인상은 잘못된 것이다.
He lives **under** the threat of disease.
그는 병의 위협을 받으며 살고 있다.

>> 사용빈도가 높은 전치사 9

●● at, in, on[upon]

기본적인 뜻

at : 막연히 어느 한 점으로서의 장소 (0차원)

on : 선이나 면에서의 어떤 장소 (1~2차원)

in : 너비, 폭, 높이, 길이가 있는 장소 (3차원)

(1) **at** : 막연히 어떤 한 점, 도달점, 최종 목표점, 적극적으로 어떤
한 점에 집중하는 상태, 추상적으로 숫자화된 상태를 나타낸다.

a) 비율 : 추상적으로 숫자화된 점.
They were driving **at** full speed.
그들은 전속력으로 운전하고 있었다.
They are sold **at** six thousand dollars a piece.
그것들은 한 개에 6000 달러에 팔린다.

b) 도달지점 : 구체적인 장소에서 추상화된 상태에 이르기까지 어떤
동작의 결말 혹은 개시 지점을 나타낸다.

He arrived **at** Seoul at night. 그는 밤에 서울에 도착했다.

A train stopped **at** a station. 기차가 역에 멎었다.

c) 존재 · 종사 : 어떤 동작이 행해지는 지점에 존재하거나 종사하는 상태를 나타냄.

I have been **at** a wedding today.

나는 오늘 결혼식에 갔었다.

I was present **at** the interview.

나는 기자회견장에 참석했다.

d) 통과지점 : 출입의 동작을 나타내는 동사와 함께 사용되어, 그 동작이 통과하는 한 점을 나타낸다.

She entered the house **at** the front door and came out **at** the back door.

그녀는 그 집에 앞문으로 들어가 뒷문으로 나왔다.

What the teacher says often goes in **at** one ear and out **at** the other.

선생님 말씀은 가끔 한쪽 귀로 들어와 다른쪽 귀로 나간다.

e) 표적 · 대상 : 동작을 나타내는 동사와 더불어 쓰여 그 동사의 동작이 향하는 대상을 나타낸다. 그러나 동작의 표적에 도달했는지 여부는 문제되지 않는다.

A drowning man will catch **at** a straw.

물에 빠진 사람은 지푸라기라도 잡으려 한다.

He had to guess **at** the meaning.

그는 그 의미를 추측해보는 수 밖에 없었다.

He threw a stone **at** the dog. 그는 그 개에게 돌을 던졌다.

cf. He threw a bone **to** the dog.

　　그는 개에게 뼈 하나를 던져 주었다.

f) 종사 : 어떤 동작이 한 점에 쏠리고 있는 것을 at으로 나타내기 때문에, 그 한 점이 적극적으로 동작이 향하고 있는 상태나 조건을 나타내기도 한다. at의 적극성과 대조적으로 in은 소극적이고 수동적인 입장에서 어떤 상태로부터 벗어날 수 없는 경우를 나타낸다.

He is always hard **at** work. 그는 언제나 일을 열심히 한다.

A party of gentlemen were **at** cards.

한 무리의 신사들이 카드놀이에 한창이었다.

It was night, and all were **at** rest.

밤이어서 모두 쉬고 있었다.

I always find him **at** his studies.

나는 그가 항상 공부하는 것을 본다.

The man died **at** his post. 그는 직무 수행 중에 사망했다.

No talking to the man **at** the wheel.

운전하고 있는 사람에게 말 걸지 마시오.

g) 상태 : 앞에서도 말했듯이 in과는 대조적으로 의지있는 행위로, 어떤 행위나 상태에 적극적으로 참여하고 있는 경우를 나타낸다.

Korea and Japan are not **at** war.

한국과 일본은 교전중이 아니다.

Shall you be **at** leisure to go in the evening?

저녁에는 외출할 여유가 있을까요?

(2) **in** : **out of**의 반대되는 개념으로, **within**은 **in**보다 더욱 한계 안에 있음을 강조해준다. 앞에서 본 **at**과는 반대로 **in**은 소극적이고 수동적인 의미가 강하고, 어떤 상태에서 벗어날 수 없음을 나타낸다.

a) 장소 : 3차원의 어떤 한정된 장소에 있음을 나타낸다.

When I am **in** the country, I never wish to leave it.

나는 시골에 있으면 그곳을 떠나고 싶지 않다.

He suddenly sat upright **in** his chair.

그는 갑자기 의자에 앉은 채로 자세를 바로 했다.

b) 범위 : 시야나 의견 등이 범위 내에 있음을 나타낸다.

There was a little canoe **in** my sight.

내 시야에 작은 카누의 모습이 들어왔다.

In my opinion, the scheme is unsound.

내 생각에 그 계획은 근거가 없다.

c) 동격 : 장소적 개념으로, 단순히 무엇이 어딘가에 있다는 것이 아니라 장소 자체와의 동일성을 나타낸다.

You will always have a good friend **in** me.

언제나 나는 너의 좋은 친구일 것이다.

We have lost a first-rate teacher **in** Jim.

우리는 짐, 즉 일류 선생을 잃었다.

The enemy lost 200 **in** killed and wounded.

적의 사상자는 200명이었다.

d) 상태 : at과는 달리 적극성이 느껴지지 않는다.

The works are now **in** progress. 연구는 지금 진행중이다.

I have examined the watch and find it **in** good order.

나는 그 시계를 살폈다. 잘 움직이고 있었다.

e) 수동적 개념 : in의 목적어로 쓰인 명사가 타동사적 의미를 가지더라도 '수동'의 의미가 강하게 반영된다.

These books have been **in** general use.

이 책들은 일반적으로 널리 사용되고 있다.

Bicycling is now **in** favor with young men.

자전거 타기가 요즘 젊은이들에게 인기있다.

The law against marihuana smoking is **in** force.

대마초 금지령이 발효중이다.

(3) **on** : 선이나 면에 접촉하고 있거나 접촉을 시도하려는 기분을 느끼게 한다. 예를 들어 **look at**은 그저 초점을 집중하는 것 뿐이지만, **look on**은 대상에 대한 감정이 깃들인 표현이다.

a) 접촉 : 단지 '윗면' 뿐 아니라 '옆면, 뒷면'도 포함하기 때문에 조심해야 한다.

on the table, **on** the wall, **on** the ceiling ……

특히 '위'를 강조할 경우에는 **on top of** ~

특히 '옆면'을 강조할 경우에는 **on the side of** ~

cf. **at** table처럼 추상화된 표현과의 비교가 필요하다.

b) 소유 : 접촉을 넘어 「몸에 지니고 있음」을 나타낸다.

Do you have a match **on** you? 혹시 성냥 가지고 계십니까?

I have no money **on** me. 나에게는 돈이 없다.

c) 계속 : 뒤에 행위를 나타내는 명사가 오면, 그 명사가 뜻하는 행위가 진행 중임을 나타낸다.

Is the consumption of beer still **on** the increase?

여전히 맥주 소비가 늘고 있습니까?

He is **on** the run from the police.

그는 경찰 손에서 벗어나 도망 중이다.

d) 접근 : 면이나 선을 향해 접근하고 있음을 나타낸다. 이때 on은 near, by, along 등과 같은 의미로 보면 된다.

They stopped at an inn **on** the lake.

그들은 어떤 호숫가의 여인숙에 멈추었다.

He is close **on** sixty. 그는 60세에 가깝다.

It's already hard **on** October. 이제 곧 10월이다.

e) 의존 : 접근이나 접촉에서 지탱되고 있는 상태, 수단, 도구를 나타낸다.

The earth turns **on** its axis. 지구는 그 축을 회전한다.

The theory is based **on** facts. 그 이론은 사실에 근거한다.

It depends **on** circumstances. 경우에 따라 다르다.

f) 영향 : 접촉이나 접근에서 오는 영향을 표현한다.

The hard work told **on** her. 중노동은 그녀에게 힘들었다.

Heredity and environment are influences **on** character.

유전과 환경이 성격에 영향을 미친다.

g) 대상과 관계 : about은 그 주변의 것도 포함하여 여러 가지를 대상으로 생각하는데 반하여, on은 중심 문제를 떠나지 않고 집중하는 태도를 나타낸다.

He talked **on** many subjects.

그는 여러 가지 문제를 화제로 삼았다.

The editor gave a comment **on** the rise of prices.

논설위원은 물가상승에 대한 논평을 했다.

h) 목적 : 일의 대상, 행위의 목표를 나타낸다.

He went to Europe **on** business. 그는 사업차 유럽에 갔다.

He's now **on** a second novel. 그는 두 번째 소설을 쓰고 있다.

●● **by, from, of**

(1) **by** : 장소의 **by** 「옆에, 가까이」와 결합되어 그 의미가 확대된다.

　a) 접근 : at the side of, beside와 같이 단순한 장소를 의미한다.

　　Sit **by** me. 내 옆에 앉아라.

　　We had a day **by** the sea. 우리는 바닷가에서 하루를 보냈다.

　b) 경유 · 통과 · 정도 : 장소의 뜻인 〈옆〉에서 '왕래'를 뜻하는 동사
와 결합하여 '경유 · 통과'를 나타내고, '성장 · 경과 · 변화'를 뜻
하는 동사와 결합하여 '정도'를 나타낸다.

　　I went to France **by** Siberia.

　　나는 시베리아를 경유하여 프랑스에 갔다.

　　I go **by** his house every day. 나는 매일 그의 집을 지나간다.

　　He is my senior **by** three year. 그는 나보다 3살 연상이다.

　　The bullet missed my head **by** a hair's breadth.

　　총알이 아슬아슬하게 머리를 스쳐 지나갔다.

　c) 단위 · 기준 : 어떤 행위의 판단 기준이나 단위를 나타낸다.

　　Don't judge a person **by** his clothes.

　　옷으로 사람을 판단하지 마라.

　　He is paid **by** the month. 그는 월 단위로 급료를 받는다.

　d) 매개 · 수단 · 방법 : through, with 등과 마찬가지로 '수단 · 방
법'을 나타낸다.

　　Suddenly she caught him **by** the ear.

갑자기 그녀는 그의 귀를 잡아당겼다.

Please let me know by letter. 편지로 알려주십시오.

Did you come by train? 기차로 왔습니까?

e) 동작주 : 반드시 〈행위자〉라고 말할 수는 없다. 일종의 주어인 양 여겨질 수 있음을 나타내는 것으로 through, with, from, of가 사용되기도 한다.

We listened to a speech by / of / from the Prime Minister.

우리는 수상의 연설에 귀를 기울였다.

He was killed by the enemy with the sword.

그는 적에게 칼로 살해당했다.

The city was destroyed by fire.

그 도시는 화재로 파괴되었다.

cf. He destroyed the city with fire.

비교되는 문장은 비교주를 인간으로, **fire**를 수단으로 하고 있지만 내용은 앞 문장과 다를 바 없다.

(2) **from** : 기본 개념은 〈출발점〉을 나타내고, 그것이 추상화되어 여러 가지 의미로 확대된다.

a) 장소 · 시간 · 순서 : 시간과 장소의 출발점. 어디에서 어디까지의 범위를 나타내기도 한다.

We traveled from London to Rome.

우리는 런던에서 로마까지 여행했다.

Bees were going from flower to flower.

벌들은 이꽃 저꽃을 옮겨 다니고 있었다.

The hotel stands two miles away from the village.

호텔은 그 마을에서 2마일 정도 떨어져 있다.

He had received a very long letter from her.

그는 그녀에게서 장문의 편지를 받았다.

b) 분리 · 금지 · 부정 : 어떤 지점에서 출발하고, 멀어지고, 혹은 뒤에 오는 명사의 뜻을 부정하게 만든다.

Take that knife away from the baby.

저 칼을 아기에게서 멀리 치워라.

When were you released from prison?

너는 언제 감옥에서 나왔느냐?

What prevented you from coming?

왜 너는 올 수 없었느냐?

(from 뒤에 추상적인 의미의 동명사가 오도록 되어 있어, 분리가 아닌 부정으로 해석한다.)

You are supposed to refrain from smoking here.

여기에서는 담배를 피우지 못하도록 되어 있다.

(from smoking = not to smoke)

c) 구별 : 이 경우에는 「~에서」라고 번역하기 힘들다. 따라서 「같지 않다」는 부정적 의미로 이해하여야 한다.

It differs from all the others. 이것은 다른 것들과는 다르다.

How would you know an Englishman from an American?

영국인과 미국인을 어떻게 구별합니까?

d) 원료 · 원인 : 기원을 나타내며, 어떤 행위의 원인을 나타낼 수 있다는 점에서 of와 같다.

Let's speak from experience. 경험을 바탕으로 이야기하자.

Wine is made from grapes. 와인은 포도로 만들어진다.

He is suffering from influenza.

그는 독감으로 고생하고 있다.

(3) **of** : 원래는 부사로 **off, out of**와 같이 '분리'를 나타냈다. 지금에 와서는 '분리'를 **off**가 거의 전담하고 있다. **of**는 어디에서 나왔는가를 생각하는 '기원', 무엇에서 발생했는가를 생각하는 '원인', 무엇에서 만들어졌는가를 생각하는 '재료' 등을 나타내며, 좀더 추상화하여 **of**를 중심으로 결합되는 단어들의 내용을 논리적으로 판단하여 '어떤 관계'를 보여준다.

a) 분리 : 본래의 의미는 off, out of, from과 같지만, 좀더 추상적인 개념이 강하다.

They robbed me of my wallet. 그들은 내 지갑을 강탈했다.

Let's clear the street **of** snow. 도로의 눈을 치우자.

I should be thankful to be relieved **of** this trouble.

나의 이 고민을 해결해준다면 고마울 거야.

The room was clear **of** furniture.

그 방에는 가구가 하나도 없었다.

b) 출발점 · 중심점 : from, off와 같은 내용으로 뒤에 오는 명사에서 떨어져 있다는 것을 나타낸다. 이런 점에서 '분리'와 구분된다.

The bomb fell wide **of** the building.

폭탄은 그 건물에서 멀리 떨어진 곳에 투하됐다.

He has fallen short **of** our expectation.

그는 우리 기대에 부응하지 못했다.

It is quarter **of** five. 15분전 5시이다.

c) 출생 · 유래 : 생겨난 기원, 행동의 발생지, 어떤 결과와의 추상적인 관계를 나타낸다.

He was born **of** a noble family.

그는 귀족 가문에서 태어났다.

I'm **of** the south. 나는 남부 출신이다.

It is very kind **of** you to do such a thing.

그런 일을 하다니, 너는 참 친절하구나.

d) 상대 : 기원과 분리를 뜻하지만, 특히 인간을 대상으로 하여 「~에게 무엇을 요구하다」는 뜻이 숨어 있다.

Parents expect too much **of** their children.

부모들은 자식들에게 너무 많은 것을 기대한다.

I beg (**of**) you not to get into danger.

나는 네가 위험에 빠져들지 않기를 바란다.

May I ask a favor **of** you? 부탁을 해도 되겠습니까?

The conqueror required tons of gold **of** the natives.

정복자들은 원주민에게 많은 양의 황금을 요구했다.

e) 원인 · 동기 : 역시 기원의 일종으로, 어떤 행위나 상태의 원인 및 동기를 나타낸다.

I shall die **of** boredom. 나는 심심해 죽을 지경이다.

He was proud **of** his success. 그는 성공한 것을 자랑했다.

She stayed there **of** her own accord.

그녀는 자발적으로 거기에 남았다.

The door opened **of** itself. 문이 저절로 열렸다.

f) 재료 : 기원과 원인을 나타내는 전치사로는 from과 of가 있는데,
from은 원료를, of는 재료를 나타낸다.

The table was **of** stone. 그 테이블은 돌로 만들어졌다.

Water is composed **of** hydrogen and oxygen.

물은 수소와 산소로 구성된다.

You are only making an awful ass **of** yourself.

네 자신을 터무니 없는 바보로 만들 뿐이다.

g) 관계 : of는 앞뒤에 오는 단어들 사이의 관계를 맺어주는 역할을
한다. 그 관계는 마치 문장 구조의 관계와도 유사하다.

– 주격관계 : 주어와 동사 또는 소유의 관계

the discoveries and ideas **of** Darwin.

「다윈의 발견과 사상」이라고 번역하는데 만족하지 말고, discov-
eries를 discover로, ideas를 think로 생각하여 「다윈이 발견
하고 생각한 것」이라 이해하는 것이 필요하다.

the coming **of** night (밤의 도래 → the night came)

– 목적관계 : 동사와 목적어 관계가 성립

teachers **of** English (→ people who teach English)

the discovery **of** beauty (→ discover beauty)

– 동격관계 :

the city **of** London (→ London city)

the fact **of** your meeting him (→ the fact that you met him)

that fool **of** a man (→ such a fool, 저 바보같은 사람)

– 서술관계 :「of + 추상명사」의 형태로 앞의 명사와 서술관계를
이룬다.

a man **of** wealth (→ a wealthy man)

a man **of** your experience (→ a man who has as much
experience as you, 당신 만큼의 경험이 있는 사람)

It is **of** no use trying to persuade him.

그 사람을 설득하려 해도 소용없다.

I am **of** the opinion that the step is wrong. (→ I think
that~) 그 조치는 잘못된 것이라는 것이 내 의견이다.

– 부사관계

I have not seen him **of** late.

나는 최근에 그를 보지 못했다.

He died **of** an evening. 그는 어느날 저녁에 죽었다.

He is weak **of** mind. (→ He is mentally weak.)

그는 의지가 약하다.

●● **to, for**

> 기본적인 뜻
>
> **to** : 어떤 지점으로 향하거나 도착하고 있음을 의미.
> **for** : 본래 before의 의미로 「어떤 것 앞에 대신해서 놓여지다」는 의
> 미로, 무엇을 대신하거나 지지한다는 의미를 나타낸다.

(1) **to** : 어떤 곳을 향하여 움직이고, 거기에 도착하는 의미를 나타낸
다. 나아가서 '도착'에서 '한계, 결과, 목적, 결합, 적응, 일치, 비
례, 대조, 대립' 등의 의미를 나타내게 된다.

a) 방향 · 도착 : 단순히 「~로」만으로 해석해서는 곤란하다. 오히려
도착을 목적으로 해서 어떤 방향으로 움직이는 것이기 때문에
「~에까지, ~에」라고 번역해야 할 것이다.

Did you throw it at him or **to** him?

그것을 그에게 던졌느냐 아니면 그를 향해 주었느냐?

b) 한계 : 도착에서 파생되어 「~까지」란 의미를 나타내며, 뒤에 오
는 명사에 따라서 '정도와 상태'를 나타낸다.

Can I get **to** London in three hours?

내가 세 시간 안에 런던에 도착할 수 있을까?

She was in love with him **to** distraction.

그녀는 미칠 정도로 그를 사랑했다.

c) 목적·결과 : in order to∼ 혹은 consequently로 이해한다.

I went **to** dinner. 식사하러 갔다.

To my disappointment, the picnic was cancelled.

실망스럽게도 소풍이 취소되었다.

The strike was **to** little purpose.

그 파업은 목적을 거의 달성하지 못했다.

d) 결합·일치 : 도달이란 개념에서 파생된 것으로, 앞뒤의 단어를 잘 파악해서 그 관계를 결정한다.

There is no index **to** the book. 그 책에는 색인이 없다.

In addition **to** this he was guilty of several minor offences.

그는 그것에 덧붙여 작은 범죄를 몇 가지 더 범했다.

That's all there is **to** it. 그것에 관련된 것은 그것이 전부다.

They danced **to** the music. 그들은 음악에 맞춰 춤을 추었다.

This is not at all **to** my liking.

그것은 내 기호에 전혀 맞지 않는다.

e) 비교·대립 : 서로 맞대고 있다는 뜻에서 비교한다는 뜻이 생긴다.

I certainly prefer this one **to** that one.

나는 저것보다 이것을 더 좋아한다.

He was brought face **to** face with his enemy.

그는 상대와 얼굴을 맞대고 대치하였다.

(2) **for** : 본래 '대리'라는 뜻에서 교환·목적·방향을 나타내게 되어 **to**와 혼동을 일으킨다.

a) 대리·교환 : in place of, in exchange for 의 의미

They will employ somebody to do the business **for** them.

그들은 대신해서 사업을 영위할 사람을 고용할 것이다.

Eye **for** eye, tooth **for** tooth. 눈에는 눈, 이에는 이

b) 지지·찬성 : in support of, in favor of의 의미로 반대는 against.

Some people were **for** the war and others were against

it. 어떤 사람은 전쟁을 찬성했고, 어떤 사람은 반대했다.

I'm all **for** the young enjoying themselves.

나는 젊은이가 인생을 즐기는데에 찬성이다.

c) 목적·추구 : for the purpose of, in order to obtain의 의미로, 찬성이란 뜻에서 더욱 발전한 것.

Go out for a walk. 산책하러 나가자.

What do you want the money for?

무엇을 위해 그 돈을 원하느냐?

I felt on all the chairs for him, but he was not there.

모든 자리를 더듬어 그를 찾아 보았지만, 그는 거기에 없었다.

d) 적당함 : '목적'에서 파생되어 「어울리는 것」이란 의미를 나타낸다.

This meat is not fit for food.

이 고기는 음식으로 적당하지 않다.

Smoking is bad for your throat.

흡연은 네 목에 좋지 않다.

It is for the guilty to live in fear.

공포에 떨며 사는 것이 죄인에게 어울리는 일이다.

e) 이익·은혜 : to가 단순히 도달점이나 결과를 나타내는데 반하여, for는 그 속에서 advantage, benefit를 강하게 느끼게 된다.

He has bought food for his children.

그는 아이들을 위해 식량을 샀다.

Will you cash this cheque for me?

이 수표를 현금으로 바꾸어 주시겠습니까?

f) 원인·이유 : what for = why에서 보듯이, 목적은 행동의 '원인'이며 '이유'가 된다.

He was punished for stealing it.

그것을 훔쳤기 때문에 그는 벌을 받았다.

He walked fast for fear that he should be late.

늦으면 안되기 때문에 그는 빨리 걸었다.

Were it not for his idleness, he would be faultless.

= He cannot be said faultless, only because he is idle.

게으르지 않다면 그는 실패하지 않았을 텐데.

g) 기간·거리 : during은 '특정한 기간'에 사용하고, for는 그저

막연하게 '어느 정도의 길이'를 나타낸다. 그러므로 summer vacation은 분명하게 지정된 기간이기 때문에 during the summer vacation이 되고, for the vacation은 목적을 나타낸다.

He is known for miles around.

그는 이 부근에서 널리 알려져 있다.

He will be a cripple for life.

그는 평생 동안 수족을 제대로 쓰지 못할 것이다.

h) 뒤에 보어를 갖는다 : as와 for는 '대리'라는 뜻을 가지므로, 뒤에 오는 명사와 동격(to be)으로 결합될 수 있다.

The villagers regarded him as the best dentist.

= The villagers took him for the best dentist.

= The villagers considered him to be the best dentist.

마을 사람들은 그를 최고의 치과의사로 여겼다.

•• with

본래는 against와 같은 의미로 '대항'을 나타냈다. 그러나 의미가 추상화되면서 '대항'만이 아니라 단순한 '상호관계'를 나타내고, 나아가서는 '협조, 동반' 등의 뜻을 나타내게 되었다.

a) 대항 · 반대 : 본래의 의미로 against의 뜻.

Stop fighting with your brother! 네 동생과 그만 싸워라!

Invention cannot run with prejudice.

발명은 편견에 대항할 수 없다.

b) 동반 · 비교 · 일치 : 대등하게 있음을 의미한다. 예를 들어 compare A to B / compare A with B를 보자. A와 B가 대등한가, 아니면 B가 중심이 되는가? 전자는 A와 B를 대등하게 비교하는 것이며, 후자는 B를 기준으로 하므로 당연히 B에 초점을 맞추는 것이 된다. 그러나 때로는 그 뜻이 애매하여 혼동을 일으키는 경우가 있다.

I went with her. 나는 그녀와 함께 갔다.

She bought the chairs with the table.

테이블과 함께 의자도 샀다.

Compare this with that. 이것을 저것과 비교해 보아라.

I agree with you that he is honest.

그가 정직하다는 점에서 당신과 의견이 같다.

c) 소유 : = having. '동반'에서 '소유'란 개념을 연상시키고, 그것이 다시 have동사를 연상시킨다. 여기에서 다시 추상화되어 부대상황 등의 대비 구문도 만들어진다.

I saw a man with large eyes. (= who had large eyes)

눈이 큰 사람을 보았다.

He spoke with a pipe in his mouth. 《부대상황》

그는 입에 파이프를 문 채 말했다.

Mike examined the flowers with great interest.

마이크는 큰 관심을 가지고 그 꽃을 조사했다.

d) 수단 · 원인 · 재료 : 「가지다」는 소유의 뜻에서 '수단', 또 그것을 가지고 있었기 때문에 그렇게 되었다는 '원인'을 나타낸다.

Cut it with a knife. 그것을 칼로 잘라라.

He was tired with hard work. 그는 힘든 일로 피곤했다.

Fill the glass with water. 잔에 물을 가득 채워라.

e) 관계 · 교섭 : 서로 닿아 있다는 점에서 접촉 · 관심 혹은 관계의 대상임을 나타낸다.

We can communicate with people in the world by internet. 우리는 인터넷으로 세상 사람들과 교신할 수 있다.

She must not be too confidential with Sam.

그녀는 샘을 너무 믿어서는 안된다.

It is all right with him. (= He is all right)

그에 관해서라면 염려 없다.

방문 · 통신에 관한 중요어구

(초대받은) 손님	guest	~에게 편지쓰다	write (a letter) to ~
방문객	visitor	~로부터 소식을 듣다	hear from~
(가게의) 손님	customer	편지를 부치다	mail [post] a letter
손님을 대접하다	entertain a guest	~와 내왕이 있다	correspond with~
방문하다	call on (a person)	편지를 등기로	have a letter regis-
	call at (a place) ;	하다	tered
	go [come] and see ;	속달로	by special delivery
	visit	우편 소포로	by parcel post
불시에 방문하다	drop in at ~	항공 우편	airmail
초대하다	invite	항공 서간, 무선전보	aerogram
식사에 초대하다	invite (a person)	우편번호	zip code
	to [have] dinner	우표를 붙이다	put a stamp on~
초대장	invitation	전보 치다	send a telegram
초대를 수락하다	accept[decilne]		[wire ; cable]
(거절하다)	one's invitation	전화하다	call [ring] up ;
선약이 없는	(be) free		telephone
집에 있다	(be) at home	전화를 받다	answer the phone
부재중	during [in] one's	전화를 끊다	hang up
	absence	번호를 돌리다	dial a number
~형편이 좋으시	be convenient for	~에게 …을 대주다	connect ~with…
다면	[to]~	~와 연락하다	get in touch with~
~을 알게 하다	tell [inform] ~of ;	전화번호부	telephone book
	let~know	내선, 구내전화	extension
선물하다	present; gift	공중전화	public phone
(회합 · 방문의)	appointment	장거리전화	long distance call
약속	[engagement]	교환원	operator
편히 하십시오.	Please make	~를 부탁합니다	May I speak to~? ;
	yourself at home.		I would like to
마음껏 드십시오.	Help yourself to ~		speak to~
~에게 안부 전해	Please give my best	당신에게 전화	You are wanted on
주시오.	wishes [regards]	왔습니다.	the phone. /
	to~; Please		There's a phone
	remember me to~;		call for you.
	Say hello to~		

이가 아프다	have a toothache	감기들다	catch (a) cold
두통	headache ;	감기에 걸리다	have a cold
복통	stomachache	기침이 나다	have a cough
등(무릎)에	have a pain in the	열이 있다	have a fever ;
통증이 있다	back [knee]	~의 수술을 받다	undergo an
눈[목구멍]이	have a sore eye		operation for ~
아프다	[throat]	약을 먹다	take medicine
심장병	heart disease	안부를 묻다	ask [inquire] after
암	cancer		one's health
노이로제	neurosis	구급차	ambulance
독감	influenza ; the flu	주사	injection
폐렴	pneumonia	치료중	be under medical
의과의사	surgeon		treatment
내과의사	physician	건강에 좋다	be good for the
치과의사	dentist		health
간호사	nurse	건강에 해가 된다	be bad for the health
환자	patient	건강을 해치다	lost one's health
병에 걸리다	fall [become ; get] ill	건강이 회복되다	recover one's health
	[sick] ; be taken ill	건강을 유지하다	maintain [keep ;
	; suffer from a		preserve] one's
	disease		health
병이 회복되다	recover from one's	건강을 증진하다	promote one's
	illness		health
경미한 병이다	be slightly ill	체중을 늘리다	put on weight
중병이다	be seriously ill	건강에 주의하다	take good care of
병으로 눕다	be ill in bed ; be in		oneself
	bed with illness	적당한 운동	moderate exercise
악화되다	get worse	수면부족	lack of sleep
호전되다	get better	근시의	short-sighted
입원하다	enter (the) hospital	귀먹은	be hard of hearing
퇴원하다	leave (the) hospital	그것 참 안됐군	That's too bad.
입원중이다	be in (the) hospital	기침이 낫지 않다.	I cannot get rid of
의사와 면담하다	see [consult] a		the cough.
	doctor		
의사를 부르러	send for a doctor		
보내다			

날씨	(the) weather	불순한 기후	unreasonable weather
기후	(the) climate	변덕스러운	changeable
일기예보	the weather forecast	습기	humidity ; moisture
일기도	weather map [chart]	온도	temperature
기압계	barometer	온도가	The temperature
온도계	thermometer	오르다 [내리다]	rises [falls].
하늘의 모양	the look of the sky	무더운	sultry
맑은 날씨	fine weather	지극히 더운	boiling hot
비오는 날	rainy day	불쾌지수	discomfort index
소나기를 만나다	be caught in a shower	가뭄	drought
적은 비	light rain	사계절	the four seasons
폭우	heavy rain	계절의 변화	the change of seasons
비가 오거나 맑음에 관계없이	rain or shine	봄이 올 것 같다	show signs of spring
비가 불규칙하게 온다.	It rains on and off.	벚꽃 피는 계절	the cherry blossom season
뇌우	thunderstorm	신록의 계절	the season of fresh verdure
번개	lightning	우기	the rainy season
번개치다	be struck [hit] by lightning	삼복	dog days
대설	heavy snowfall	한여름	in the height of summer
눈보라	snowstorm		
해일	hail	가을이 올 것 같다	become autumn like
진눈깨비	sleet	초가을	early autumn
짙은 안개	dense fog	(늦가을의) 봄날 같은 화창한 날씨	Indian summer
(엷은) 안개	mist ; haze		
서리	frost	늦가을	late autumn
얼다	freeze	청명한 가을 날씨	fine autumn weather
산들바람	breeze	추분	the autumn equinox
돌풍	gust	따뜻한 겨울	mild winter
강풍	strong wind	동지	the winter solstice
폭풍(우)	storm	혹심한 추위	severe cold
험악한 날씨	stormy weather	추위를 견디다	keep off the cold
태풍	typhoon	한파	cold wave
바람이 자다	The wind dies out.	이상건조	unusual dryness

신선한 공기	fresh air	웅대한 광경	grand sight
오염된 공기	impure air	전망이 좋다	command a fine view
햇빛	sunlight		
청명한 하늘	clear sky	~의 원경(遠景)	a distant view of ~
우중충한 하늘	grey sky	강 건너편	across the river
저녁 노을	evening glow	수평선 위에	above the horizon
지는 해	the setting sun	(위로 떨어진)	
금성	the evening star	수평선 위로	on the horizon
무지개	rainbow	(위로 맞닿은)	
샘	spring	그림과 같은	picturesque
분수	fountain	이루 다 말할	be beyond description
시내	brook ; stream	수 없다	
상류	the upper stream	붉은 잎	red leaves
하류	the lower stream	신록	fresh verdure
폭포	fall	초목	plants
해변	the beach	벚꽃	cherry blossom
~의 어귀에서	at the mouth of ~	만발하여	in full bloom
~의 앞바다에	off the coast of ~	길가의 꽃들	roadside flowers
만	bay	새의 울음소리	the singing of a bird
반도	peninsula	벌레 울음소리	the chirping of an insect
해협	channel ; strait		
화산	volcano	보름달	full moon
해발	above sea level	밝은달	bright moon
정상	the top [summit] of a mountain	희미한 달밤	misty moonlit night
		달빛 아래	in the moonlight
깊은 산 속	the heart of a mountain	밝은 봄 햇살에	in the bright spring sun
절벽	cliff	한국의 3경	the three famous views of Korea
골짜기	valley		
산악 지방	mountainous district	명승지	famous place
산맥	mountain range	고적	historic scene
산악 지대	mountain region	피서지	summer resort
자연미	natural beauty	전원풍경	rural landscape
아름다운 풍경	beautiful scenery	전원생활	rural [country] life

여행	traveling ; travel ; journey ; trip ; tour
항해	voyage
관광여행	sightseeing tour [trip]
친선여행	goodwill tour
수학여행	school excursion
견학여행	field trip
해외여행	traveling abroad ; overseas tour
여행을 가다	on a travel [journey, trip] ; take [make] a trip
세계일주 여행을 하다	travel round the world ; make a world tour
관광객	tourist
육[해 · 공]로로	by land[sea, air]
기차[배, 비행기]로	by train [ship, airplane]
공무로	on official business
사적인 일로	on private business
숙박하다	put up at ; stay at
호텔 예약	hotel reservations
여비	traveling expenses
사증	visa
여권	passport
고가철도	elevated railroad
급행열차	express
초특급	super express
상[하]행 열차	up[down] train
화물열차	freight train (미) ; goods train (영)
침대차	sleeping car ; sleeper
식당차	dining-car ; diner
전망차	observation car
기관차	locomotive
매표소	ticket office (미) ; booking office (영)
개찰구	ticket gate (미) ; wicket (영)
편도표	one-way ticket (미) ; single ticket (영)
왕복표	round-trip ticket (미) ; return ticket (영)
통근열차	train for commuters
열차를 타다 [내리다]	take [get off] a train
제시간에 열차를 타다	be in time for the train ; catch the train
기차를 놓치다	miss the train
도중 하차하다	stop over at
한 역을 지나서 내리다	be carried one station beyond
고속도로	expressway
유료도로	toll road
주차장	parking lot
교통난	traffic jam
도로표시	road sign
교통신호	traffic signals
교통법규	traffic rules
횡단보도	crosswalk
교차로	intersection
보행자	pedestrian

교육제도	educational system	입학지원자	applicant for admission
의무교육	compulsory education	시험에 합격 [낙방]하다	pass [fail in] an examination
직업교육	vocational education	입학하다	enter [be admitted to] a school
유치원	kindergarten	진급하다	go up ; be promoted
초등학교	elementary school (미) ; primary school (영)	자퇴하다	leave school
중학교	junior high school	시업식	opening ceremony
고등학교	senior high school	종업식	closing ceremony
상업 고등학교	commercial high school	졸업식	commencement (미) ; graduation ceremony (영)
공업 고등학교	technical high school	졸업증서	diploma
농업 고등학교	agricultural high school	졸업생	graduate
종합대학	university	학교생활	school life
단과대학	college	필수과목	required subject
초급대학	junior college	선택과목	elective [optional] subject
대학원	graduate school	숙제	homework ; assignment
교장	principal	예습하다	prepare one's lesson
교수	professor	복습하다	review one's lesson
교사(校舍)	schoolhouse ; school building	학기말고사	terminal exam
강당	auditorium	중간고사	midterm exam
체육관	gymnasium ; gym	시험성적	the result of an exam
기숙사	dormitory	성적이 좋다	get good grades
실험실	laboratory	성적이 나쁘다	get bad grades
남녀공학	coeducation	동아리 활동	club activities
입학시험	entrance examination	교양클럽	cultural club
구두시험	oral examination	운동클럽	sports club
입학원서를 신청하다	apply for admission (to)	학교축제	school festival
원서를 제출하다	send in an application	체육대회	sports festival
		운동회	field day
		전공하다	major (in) ; specialize (in)

모국어	one's mother tongue ; one's native language	방언	dialect
외국어	foreign language	외국인	foreigner
국제어	international language	실용영어	useful [practical] English
한국어	Korean ; the Korean language	실용성	practical value
영어	English ; the English language	교양적 가치	cultural value
구어	the spoken language	세계를 보는 창	window through which to see the world
문어	the written language	영문편지	English letter
단어	word	영자신문	English newspaper
숙어	idiom	영어권 민족	English-speaking people
동의어	synonym	독해력	reading ability
반의어	antonym	문체	style
문법	grammar	번역	translation
발음	pronunciation	통역하다	interpret
발음하다	pronounce	통역자를 통해서 말하다	speak through an interpreter
철자	spelling	자기의 말을 남에게 이해시키다	make oneself understood
받아쓰기	dictation	마음대로 쓸 수 있다	have a good command of~
암송	recitation	유창하게 이야기하다	speak fluently
대화	dialogue	간신히 이야기하다	speak with difficulty
회화	conversation	숙달하다	make progress in~ ; become proficient in~
연설	(make) a speech	영어로 일기쓰다	keep a diary in English
표현	expression	이해하기 쉽다 [어렵다]	easy [hard] to understand
관용적 표현	an idiomatic expression	암기하다	learn~by heart ; memorize
영한사전	English-Korean dictionary		
한영사전	Korean-English dictionary		
사전을 참고하다	consult a dictionary ; look up~in a dictionary		

신간서적	new book	개정판	revised edition
고본(古本)	second-hand book	절판되어	be out of print
백과사전	encyclopedia	인쇄가 되어	be in print
전집	collected works	발행부수가 많다	have a large circulation
문학	literature		
소설	fiction ; novel	잘 팔리다	sell well
논픽션	nonfiction	표지	cover
대중소설	popular novel	서문	preface
탐정소설	detective story	목차	(a table of) contents
공상과학소설	science fiction	단락	paragraph
시	poem ; poetry	요지	summary
희곡	play ; drama	도해	illustration
고전	classics	색인	index
원서	original	부록	appendix
번역서	translation	정가	fixed price
화집	picture book	종이표지	paperback
만화책	comic book	장서, 도서관	library
참고서	reference book	애독서	one's favorite book
교과서	textbook	다독하다	read extensively
정기간행물	periodical	정독하다	read intensively
잡지	megazine	닥치는 대로 읽다	read at random
주간지	weekly (magazine)	소리내어 읽다	read aloud
월간지	monthly (magazine)	조용히 읽다	read silently
계간지	quarterly	통독하다	read through
여성잡지	women's magazine	탐독하다	devour ; read greedily
~의 5월호	the May issue of ~		
베스트셀러	best seller	훑어보다	glance over
팜플렛	pamphlet	건너뛰며 읽다	skip
관보	official gazette	행간을 읽다	read between the lines
원고	manuscript		
기사	article	읽을 가치가 있다	be worth reading
사설	editorial	도서관을 이용 하다	make use of a library
저자	author		
편집자	publisher	붉은 연필로 표시하다	mark with a red pencil
발행처	publishing company		
초판	the first edition		

문화	culture	인권	human rights ; rights of man
문명	civilization		
문화적	cultural ; cultured	예술	art
문화유산	cultural heritage	전통예술	traditional art
문화인	cultured man ; a man of culture	동양미술	oriental art
		미술관	art museum
문화국가	cultural [cultured] nation	미술전시회	art exhibition
		예술가	artist
문화시설	cultural institution	예술적 기질이 있는 사람	a man of artistic nature
문하 교류	cultural exchange		
문명국	civilized country	예술적 가치	artistic value
문화의 진보	the progress of civilization	예술을 위한 예술	art for art's sake
		조형미술	formative art
문화수준이 높은 나라	a nation of high culture ; a nation with a high level of culture	예술을 감상하다	appreciate art
		화가	painter ; artist
		서양화	Western painting
		한국화	Korean painting
문명이 퇴보하다	be backward in civilization	유화	oil painting
		수채화	water-color painting
문명이 진보하다	advance in civilization	조각	sculpture
		조각가	sculptor
문명화되다	become civilized	건축가	architect
문명의 이기	modern conveniences	음악가	musician
		음악회	concert
문명의 산물	a product of civilization	독창	solo
		합창	chorus
자유	freedom ; liberty	관현악단	orchestra
언어의 자유	freedom of speech	가극	opera
사상의 자유	freedom of thought	희극 [비극]	comedy [tragedy]
종교의 자유	freedom of religion	극장	theater
출판의 자유	freedom of the press	무대	stage
공포로부터의 자유	freedom from fear	배우 [여배우]	actor [actress]
		입장권	ticket
개인적 자유	one's personal freedom	합창하다	play in chorus
		상연하다	stage a play ; put a play on the stage
자유의 남용	abuse freedom		

과학의 진보	the progress of science	핵실험	nuclear test
과학시대	the scientific age	핵폭발	nuclear explosion
과학적 지식	scientific knowledge	핵무기	nuclear weapon
과학적 연구	scientific research	원자폭탄	atomic bomb
과학 기술	scientific technology	수소폭탄	hydrogen bomb
과학자	scientist	원자력 잠수함	atomic powered submarine
자연과학	natural science	우주선	spaceship
근대과학	modern science	우주여행	space travel
응용과학	applied science	우주비행사	astronaut
자연현상	natural phenom-enon	우주를 유영하다	walk in space
실험	experiment	우주과학	space science
관찰	observation	우주과학자	space scientist
기술(記述)	description	우주 로케트	space rocket
설명	explanation	인공위성	artificial satellite
발명	invention	점화하다	ignite
발견	discovery	발사하다	launch
만유인력의 법칙	the law of gravi-tation	통신위성	communication satellite
자연의 법칙	a law of nature	달나라로 여행하다	make a trip to the moon
일반법칙	general laws	우주시대	the space age
천연자원	natural resources	궤도에 진입하다	put in orbit
공업화	industrialization	연착륙	soft landing
정밀기계	precision instru-ments	천문학자	astronomer
전자공학	electronics	산업의 발달	the development of industry
전자계산기	calculator	일상생활에 과학을 응용하다	apply science to our daily life
인공두뇌	mechanical brain	기술혁명	technical [technolo-gical] innovation
자동조작	automation	수요와 공급	demand and supply
원격조정	remote control	수요를 충족 시키다	meet the demand of
원자력	atomic energy	수요가 있다	be in demand
원자력의 평화적 이용	the peaceful use of atomic energy		
원자력 발전소	nuclear power plant		
방사능	radioactivity		

도덕	morals	동정	sympathy
공중도덕	public morality	실망	disappointment
도덕관념	moral sense	애정	affection
책임감	a sense of respon- sibility	흥분	excitement
		기쁨	delight ; joy
신용	confidence	슬픔	sorrow ; grief
사회질서	social order	만족	satisfaction
양심	conscience	체념	resignation
정직	honesty	행복	happiness
부정직	dishonesty	불행	unhappiness ;
성실	sincerity		misfortune
순종	obedience	비참	misery
배반	betrayal	무자비함	cruelty
용기	courage	냉담	indifference ; apathy
동경	aspiration	감정을 표시하다	show one's feelings
극기	self-control	기분이 좋아서	be in good [bad]
상식	common sense	[나빠서]	humor
명예	honor	안심하다	feel at ease
신의를 존중하는	a man of honor	절망하여	in despair
사람		~로 몹시 슬퍼	be grieved at ~
미덕	virtue	하다	
악덕	vice	부러워하다	envy
면허	license	자랑하다	pride oneself on ;
인격자	a man of character		take pride in
예절	manners	화내다	get angry (with a
나쁜 예법	bad manners		person, at a thing)
행동을 잘하다	behave well	실망하다	be disappointed (at
험담하다	speak ill of~		a thing, in a person)
칭찬하다	speak well of~	동정하다	sympathize with
약속을 지키다	keep one's promise	흥분하다	get excited at
신용하다	trust	기쁘다	be glad ; be delighted
존경하다	respect		; rejoice
감정이 상하다	hurt [injure] one's feelings	축하하다	congratulate (a per- son on a thing)
문란하다	be out of order	무관심하다	be indifferent to
~의 책임을 지다	be responsible for ~		

성격 ; 인격	character	신랑	bridegroom
개성	personality	결혼식	wedding
인간성	humanity ; humane nature	결혼하다	marry ; get married to
인권	human rights	이혼	divorce
인격자	a man of character	인생관	one's view of life
분별 있는 사람	a man of sense	세계관	one's view of the world
장점	merit ; a strong point		
단점	demerit ; a weak point	인생의 밝은 [어두운] 면을 보다	look on the bright [dark] side of life
친절한	gentle	높은 이상을 가지다	have lofty ideals
성미가 급한	quick-tempered ; irritable ; impatient	이상을 추구하다	pursue one's ideals
명랑한	gay ; lighthearted ; merry	목적을 달성하다	attain one's object
		인생의 목적	the aim of life
낙관주의	optimism	인생의 기복	ups and downs of life
낙관주의자	optimist		
비관주의	pessimism	원칙을 고수하다	stick to one's principles
비관주의자	pessimist		
비관적인	pessimistic	관점이 달라지다	change one's point of view
태어나다	be born		
어린시절	childhood	편견이 없는	be free from prejudice
소년시절	boyhood		
소녀시절	girlhood	상호이해	a mutual understanding
청소년기	adolescence		
청년기	youth	인간관계	human relationship
성년기	manhood	출세하다	rise in the world
노년기	old age	고난을 극복하다	overcome difficulties
성년에 이르다	come of age		
십대이다	be in one's teens	앞길을 개척하다	open up one's way
젊은 세대	the younger generation	역경에 처하다	fall into adversity
		재능을 발휘하다	display one's ability
늙은 세대	the older generation	근근히 살아가다	live from hand to mouth
약혼	engagement		
결혼신청하다	proposal	안락한 생활을 영위하다	live an easy life
중매인	go-between		
신부	bride		

정치	politics ;	자본주의	capitalism
정부	the government	사회주의	socialism
내각	the cabinet	공산주의	communism
민주주의	democracy	노동문제	labor problems
정치가	statesman ;	임금이 오르다	raise wages
	politician	파업하다	go on a strike
국회	Congress	생산	production
하원	the House of Repre-	생산품	product
	sentatives ; the	대량생산	mass production
	Lower House	소비	consumption
상원	the House of Council	원료	raw materials
	; the Upper House	천연자원	natural resources
총선거	the general election	인구	population
해산하다	dissolve	과잉인구	overpopulation
대의원	a member of the	수요와 공급	demand and supply
	Congress ; a repre-	수요를 조달하다	supply [meet] the
	sentative to the		demand
	Congress	수요가 있다	be in demand
선거하다	elect	공급부족	a short supply
투표하다	vote for	외국무역	foreign trade
투표로 정하다	decide by vote	수출 [수입]	export [import]
투표하러 가다	go to the polls	물가	prices
수상	the Prime Minister	물가가 오르다	Prices rise [fall].
장관	minister	[내리다]	
내각을 구성하다	form the cabinet	물가가 높다 [낮다]	Prices are high [low].
정권을 잡다	be in power	호경기	good times
정권을 잃다	be out of power	불경기	bad times ;
경제	economy		depression
경제문제	economic problems	지출	expenditure
경제의	economic	수입	income
경제적인	economical	비용을 절감하다	cut down expenses
재정	finance	수입 이상의	live beyond one's
산업	industry	생활을 하다	income
산업이 발달하다	develop industry	인플레이션	inflation
대기업	big enterprises	디플레이션	deflation
자본	capital		

교통사고	traffic accident	가뭄	drought
열차사고	railroad accident	번개	lightning
충돌하다	collide with	지진	earthquake
전복되다	be overturned	지진계	seismograph
탈선하다	be derailed	진원지	epicenter
불통되다	be interrupted	6.5의 진도	a magnitude of 6.5 (on the Richter scale)
난파하다	be wrecked		
추락하다	crash		
(차에) 치이다	be run over	지진예보	earthquake prediction
맞다	be hit		
사상자	casualties	여진	aftershock
(화재가) 일어나다	break out	강진	strong earthquake
작은 화재	small fire	미진	slight tremor
불이 나다	be on fire	피해	damage
불이 붙다	catch fire	폭발	explosion
～로 불이 번지다	the fire spreads to～	낙반	cave-in
전소되다	be burnt completely	눈사태	avalanche
반만 타다	be burnt partially	파묻히다	be buried
재로 변하다	be reduced to ashes	행방불명자	the missing
진화되다	be put out ; be extinguished	재해	disaster
		천재	natural disaster
소방차	fire engine	공해	pollution
불에 타서 죽다	be burnt to death	자연을 파괴하다	destroy nature
소방수	fire fighter	오염되다	pollute
부풀다[차오르다]	rise ; swell	대기오염	air pollution
홍수	flood	환경오염	environmental pollution
침수하다	be under water ; be flooded	스모그	smog
유실되다	be washed away	광화학 스모그	photochemical smog
강이 범람하다	The river overflows its banks	경적소리	traffic horn
수해지	flooded area	가스가 새다	gas leaks
밀물	flood tide	구급차	ambulance
피해자	sufferer	응급조치	first aid
산사태	landslide	소화기	fire extinguisher
해일, 밀물	tidal wave	화재 경보기	fire alarm signal

●● 수능에 자주 나오는 영어속담 25 ●●

1. A little learning is a dangerous thing. 아는 것이 병이다

2. Do to others as you would be done by.
    대접받고 싶은대로 남에게 하라. (→ 가는 말이 고와야 오는말이 곱다.)

3. Everything comes to him who waits.
    기다리는 자에게 복이 온다.

4. It never rains but it pours. 엎친 데 덮친 격이다. (→ 설상가상)

5. Out of sight, out of mind. 보지 않으면 마음에서도 멀어진다.

6. The more you have, the more you want. 욕심은 끝이 없다.

7. Time flies. 세월이 유수와 같다.

8. Two heads are better than one. 백지장도 맞들면 낫다.

9. Where there's a will, there's a way. 뜻이 있는 곳에 길이 있다.

10. A burnt child dreads the fire.
    자라 보고 놀란 가슴 솥뚜껑 보고 놀란다.

11. Easier said than done. 말보다 행동이 어렵다.

12. Look before you leap. 돌다리도 두드려보고 건너라.

13. More haste, less speed. 급할수록 돌아가라.

14. Nothing venture, nothing have. 산에 가야 범을 잡는다.

15. Seeing is believing. 보는 것이 믿는 것이다. (→ 백문이 불여일견)

16. When in Rome do as the Romans do.
    로마에서는 로마인처럼 행동하라.

17. Honesty is the best policy. 정직이 최선의 방책이다.

18. Spare the road and spoil the child.

매를 아끼면 아이를 버린다. (→ 예쁜 아이 매 하나 더 준다.)

19. Hunger is the best sauce. 시장이 반찬이다.

20. It is no use crying over spilt milk.

엎지른 물은 다시 담을 수 없다.

21. The proof of the pudding is in the eating.

말보다 증거가 먼저다.

22. Too many cooks spoil the broth.

사공이 많으면 배가 산으로 간다.

23. A bird in the hand is worth two in the bush.

남의 돈 천냥보다 내 돈 한냥이 더 낫다.

24. Don't count your chickens before they are hatched.

부화하기 전에는 병아리를 세지 말아라.

(→ 김칫국부터 마시지 마라.)

25. The early bird catches the worm.

일찍 일어나는 새가 벌레를 잡는다.

approve of	711	at first	178
argue against	565	at first hand	566
argue for	564	at first sight	385
arm in arm	169	at full length	1184
as a matter of course	1173	at hand	180
as a matter of fact	1174	at home	1298
as a result of	1175	at intervals	1054
as a rule	1176	at large	1299
as a whole	171	at last	387
as follows	1048	at latest	1185
as for	969	at least	1186
as good as	5	at length	1300
as it were	372	at liberty	7
as much as to say	1049	at night	568
as often as not	529	at once	1187
as regards	374	at one's best	182
as to	376	at one's command	1188
as usual	1050	at one's convenience	1189
as yet	1051	at one's cost	1190
ascribe A to B	712	at one's disposal	1191
aside from	970	at one's leisure	1055
ask for	6	at one's mercy	1192
associate with	1296	at (one's) pleasure	1056
at a blow	1177	at one's request	1193
at a breath	1178	at one's service	1194
at a dash	378	at one's will	1195
at a distance	173	at one's wits' end	1196
at a glance	386	at peace	575
at a loss	1179	at present	1197
at a standstill	1180	at random	1057
at a strength	379	at rest	1058
at a time	175	at school	1198
at a touch	1181	at sea	1199
at a venture	1182	at second hand	567
at all	1297	at stake	1301
at all costs	423	at the age of	971
at all events	380	at the beginning of	570
at all times	367	at (the) best	572
at any cost	424	at the bottom of	972
at any event	381	at the call of	973
at any moment	1183	at the cost of	390
at any rate	383	at the end of	571
at ease	1052	at the expense of	389
at every turn	1053	at the foot of	974

be delighted at/with	901	be harmful to	930
be dependent on/upon	586	be hostile to	931
be desirous of	902	be ignorant of	932
be destined to	903	be impatient for	200
be determined to	904	be impatient of	201
be devoted to	905	be impatient to	202
be different from	588	be in time for	592
be disappointed at	906	be incapable of	581
be discontent with	585	be inconsistent with	583
be disposed to	907	be indebted to A for B	933
be dressed in	908	be independent of	587
be due to	1304	be indifferent to	594
be eager to	909	be indispensable to	934
be empty of	910	be inferior to	597
be engaged in	911	be innocent of	935
be envious of	912	be interested in	595
be equal to	913	be jealous of	936
be equivalent to	914	be known to	937
be essential to	915	be lacking in	402
be excellent in	916	be late for	593
be faced by/with	399	be liable for	938
be faithful to	917	be liable to	393
be familiar to	197	be likely to	939
be familiar with	196	be married to	940
be famous for	400	be master of	941
be fearful of	918	be necessary to/for	942
be fed up with	919	be noted for	401
be fond of	12	be obliged to	1305
be forced to	397	be on the point of	1274
be frank with	920	be on the watch for	1277
be free from	921	be opposite to	943
be free of	922	be particular about	944
be free to	923	be patient of	945
be fresh from/out of	924	be peculiar to	946
be friendly with	925	be pleased with	947
be full of	926	be poor at	591
be good at	590	be popular among/with	948
be good for	191	be possessed of	203
be grateful to ~ for ⋯	410	be possessed with/by	204
be guilty of	927	be prepared for	949
be hard of -ing	928	be present at	577
be hard up	199	be proud of	950
be hard up for	929	be ready to	1306
be hard upon/on	198	be reckless of	951

with difficulty	702	without difficulty	703
with ease	1291	without exception	1147
with pleasure	1145	without fail	1294
with regard to	375	work out	1423
with the intention of	560	worry about/over	866
with the view of	561	write down	354
within a stone's throw of	1292	write for	355
within one's knowledge	1133	write to	867
within one's means	1146		
within one's reach	704		
within sight	677	**Y**	
without a break	1293	yield to	471

M.E.M.O.

M.E.M.O.

M.E.M.O.

M.E.M.O.

M.E.M.O.

M.E.M.O.